Der **perfekte** Gartenteich

Richard Bird

Der **perfekte** Gartenteich

EDITION XXL

Erstveröffentlichung in Großbritannien 2002
unter dem Titel "Garden Answers – Ponds"
by Hamlyn Octopus,
part of Octopus Publishing Group Ltd,
2–4 Heron Quays, Docklands,
London E14 4JP

Genehmigte Lizenzausgabe
EDITION XXL GmbH
Fränkisch-Crumbach 2005
www.edition-xxl.de

Übersetzung: Katharina Lisson

ISBN 3-89736-252-X

Inhalt

Einleitung

Seit die Menschen Gärten anlegen, spielt Wasser eine entscheidende Rolle bei der Gestaltung. Wasser verleiht dem Garten neue Dimensionen mit Geräuschen, Bewegungen und Spiegelungen. Das Spiel von Licht und Schatten, das sich über Pflanzen, Mauern und Zäune in der Nähe des Wassers erstreckt, ist unendlich faszinierend. Fließendes Wasser in einem Bach oder als Wasserlauf, der durch Brunnen oder Wasserfälle geleitet wird, bringt noch mehr Lichterspiel und sorgt für eine gleichzeitig beruhigende wie erfrischende Geräuschkulisse.

Die Umgebung des Gartenteiches unterscheidet sich von allen anderen Teilen des Gartens. Die Pflanzen im Wasser sehen ganz anders aus als Pflanzen, die in der Erde wachsen. Auch die Vielzahl an Pflanzen, die am Teichrand und in sumpfigem Boden wachsen, eröffnen neue Welten für den leidenschaftlichen Gärtner. Sie sehen nicht nur wunderschön aus, auch ihre Haltung und Pflege stellen eine Herausforderung dar, da sie sich von den üblichen Gartenpflanzen unterscheiden.

In den letzten Jahren gab es große Verbesserung in Technologien und Materialien, so dass Bau und Gestaltung einer komplexen Wasseroase relativ einfach geworden sind. Tauchpumpen, flexible Folien, Matten und Fertigteiche machen es möglich, dass man Teiche, Springbrunnen, Bäche, Kaskaden und Wasserfälle bauen kann, und zwar passend zu jedem Garten, ob er groß oder klein ist, formal oder formfrei. Sie können auch komplette Bausätze für Wasserspiele kaufen. Gartengeschäfte und spezialisierte Händler haben alles, was Sie brauchen. Viele Hersteller bieten auch Versand über das Internet an.

Es ist nicht schwierig, einen Gartenteich zu bauen, und wenn er fertig ist, benötigt er überraschend wenig Pflege. Die meisten Gartenbesitzer sind ohne weiteres in der Lage, einen Teich anzulegen oder ein Wasserspiel zu bauen. Doch gelegentlich kann es Probleme beim Bau des Teiches, bei der Bepflanzung oder mit den Tieren geben, die den Teich besuchen. Dieses Buch stellt die Fragen, die ein Gartenbesitzer stellen würde, und beantwortet sie klar und praktisch, unterstützt von Fotos und Illustrationen.

Das Buch besteht aus zwei Hauptteilen: Der erste befasst sich mit Gestaltung und Bau von Gartenteichen und anderen Wasserspielen, der zweite Teil beantwortet Fragen zu den Themen Pflege und Reparatur. Die Fragen sind logisch geordnet, dennoch gibt es gelegentlich Überschneidungen. Das Register hilft beim Auffinden aller Aspekte zu einem Thema. Wenn Sie beispielsweise einen formalen Teich bauen möchten, finden Sie zu diesem Thema Informationen zu Gestaltung, Bau, Bepflanzung und Pflege in verschiedenen Kapiteln dieses Buches. Im Register stehen beim Stichwort „formaler Teich" alle wichtigen Aspekte mit den entsprechenden Seitenangaben.

Planung und Vorbereitung

Vorüberlegungen und Kosten

● **Brauche ich eine Baugenehmigung für einen Gartenteich?**

Das hängt von der Größe und Lage des Teiches ab und außerdem davon, wo Sie leben. Die Regelungen unterscheiden sich in den verschiedenen Bundesländern und Gemeinden. Erkundigen Sie sich vorab bei der Baubehörde Ihrer Gemeinde. Es ist außerdem sinnvoll, die Stadtwerke zu kontaktieren, wenn Sie einen großen Teich oder See bauen und diesen mit Wasser aus einem nahe gelegenen Fluss versorgen wollen.

In manchen Gegenden gibt es Einschränkungen beim Wasserverbrauch, vor allem in Zeiten lang andauernder Trockenheit. Wenn es im Sommer verboten ist, den Garten zu wässern, können Sie natürlich auch Ihren Teich nicht füllen oder nachfüllen. Wenn der Teich allerdings ein Naturteich ist und Lebensraum für Tiere bietet, können Sie unter Umständen eine Ausnahmegenehmigung bekommen. Es lohnt sich auf alle Fälle, Erkundigungen einzuziehen.

● **Ist es einfach, einen Gartenteich anzulegen?**

Diese Frage lässt sich am besten so beantworten: Es liegt ganz an Ihnen, ob es einfach oder kompliziert wird! Die einfachste und schnellste Methode ist, einen Mülltonnendeckel umgekehrt so tief in den Rasen zu versenken, dass der Rand auf der gleichen Höhe mit der Erde ist. Legen Sie einen großen Stein in die Mitte, füllen Sie den Deckel mit Wasser – fertig ist der Miniteich. Das andere Extrem ist ein großer Schwimmteich, dessen Bau viel Planung und Vorbereitung benötigt und für dessen Ausführung ein Bagger gemietet werden muss.

Zwischen diesen Extremen gibt es unendlich viele Möglichkeiten, und die meisten können von einem durchschnittlich handwerklich begabten Menschen realisiert werden. Der Großteil aller Teiche beruht auf dem Prinzip, dass man eine Grube in die Erde gräbt, diese auskleidet und anschließend Wasser einfüllt. Das Graben ist relativ einfach, wenn man die körperliche Kraft hat, das größere Problem ist die Entsorgung der Erde (siehe Seite 39). Der Schwierigkeitsgrad beim Auskleiden der Grube hängt in erster Linie vom Material ab, das Sie verwenden. Ein gekauftes Fertigbecken ist schnell und einfach eingesetzt; eine flexible Teichfolie bedeutet etwas mehr Aufwand, kann aber von den meisten Menschen mit etwas Geschick und Geduld bewältigt werden. Wer allerdings ein Wasserbecken aus Stein oder Beton haben möchte, braucht besondere handwerkliche Fähigkeiten oder Hilfe von Fachleuten.

Ich möchte einen Teich, habe aber nicht viel Geld. Was kann ich tun?

Sie können aus einem wasserdichten Gefäß einen billigen Teich machen, sollten dann aber ein bisschen Geld für die Bepflanzung ausgeben. Für einen größeren Teich braucht man in jedem Fall eine Auskleidung. Hierbei muss man bedenken, dass die billigste Folie (Polyethylen) auch am schnellsten kaputtgeht. Wenn Sie es trotzdem versuchen wollen, kleiden Sie die Grube oder das Gefäß mit der Folie aus und geben dann eine dünne Schicht feiner Erde (ohne Steine, die Löcher in die Folie machen könnten!) darauf, um die Folie vor UV-Licht zu schützen. Mit etwas Glück können Sie sich mehrere Jahre an Ihrem Teich erfreuen. Grundsätzlich raten wir aber vom Kauf billiger Folie ab.

Wenn Sie zu den (in diesem Zusammenhang) glücklichen Gartenbesitzern gehören, die Lehm im Garten haben, können Sie damit einen natürlichen Teich anlegen. Ein mit Lehmschlag aus dem eigenen Garten abgedichteter Teich kostet Sie nichts (außer der körperlichen Anstrengung), wenn Sie alles selbst machen. Wenn Sie den Lehm kaufen müssen, wird es allerdings eine teure Angelegenheit (siehe Seite 50–51).

Anstatt mit knappen Mitteln einen großen Teich anzulegen, der weder besonders attraktiv ist noch lange hält, raten wir dazu, etwas Schönes zu kreieren, das Sie sich tatsächlich leisten können. Ein gut gestalteter kleiner Teich oder ein Wasserspiel machen mit Sicherheit mehr Freude als ein misslungener großer Teich.

Kosten für den Teich

Mit den hier aufgeführten Materialien kann man einen Teich bauen; die Auflistung geht von der billigsten bis zur teuersten Methode

- Wasserdichtes Gefäß
- Mit Lehmschlag abgedichteter Lehmteich
- Polyethylen-Folie (PE)
- Fertigbecken
- PVC-Folie
- Weiche PE-Folie
- Butyl-Kautschuk
- Beton

Grundsätzlich ist es besser, einen kleinen Teich mit hochwertigem Material zu bauen als einen großen Teich aus billigem Material.

Praktische Überlegungen

- **Muss ich mir über Wasser- und Stromversorgung Gedanken machen, wenn ich einen Teich baue?**

Die Entscheidung über den Standort des Teiches sollte nicht davon abhängen, wo die Wasser- und Stromversorgung herkommen. Sie müssen aber unbedingt herausfinden, ob unter Ihrem Garten Hauptleitungen verlaufen, die Sie beim Ausheben der Grube natürlich nicht beschädigen dürfen. Die Wasser- und Stromversorgung für den Teich können vom Haus erfolgen.

Natürlich brauchen alle Teiche Wasser, doch nach der ersten Füllung muss man nur noch gelegentlich nachfüllen. Das kann mit gesammeltem Regenwasser geschehen oder mit dem Gartenschlauch. Wenn Ihr Teich richtig gebaut ist, brauchen Sie keine konstante Wasserversorgung.

Strom braucht man für einen einfachen Teich nicht, aber wenn Sie eine Pumpe, einen Filter oder Beleuchtung haben möchten, empfiehlt es sich, ein Kabel zu verlegen (siehe Abbildung unten). Für eine Hauptleitung muss man Spezial-

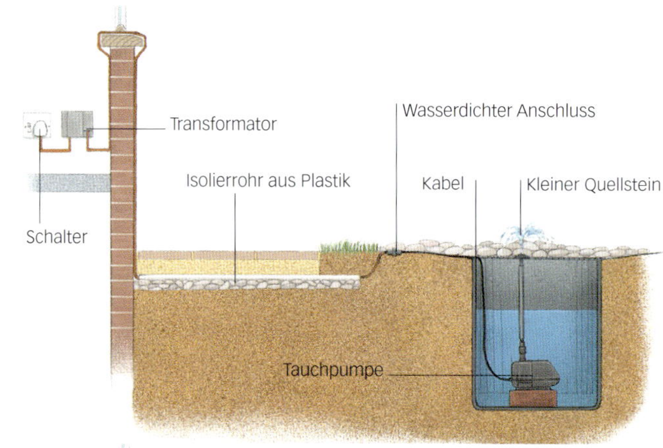

Mit Niedervolt-Strom
Ein kleiner Springbrunnen oder Lampen können mit Niedervolt-Strom betrieben werden.

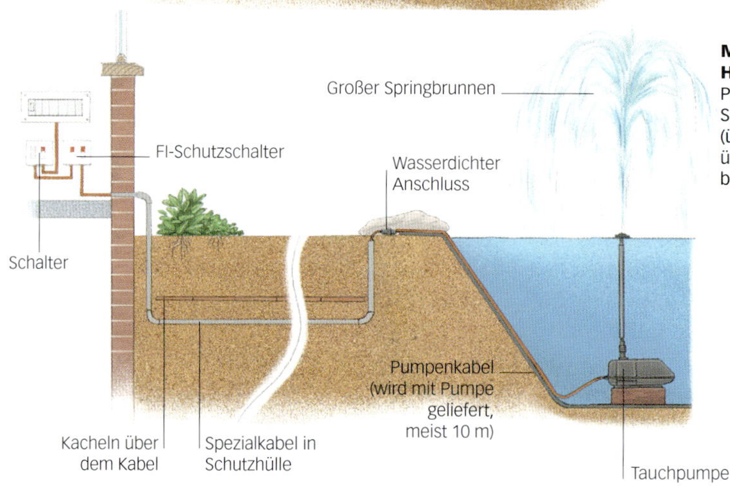

Mit Strom vom Hauptnetz
Pumpen für größere Springbrunnen (über 1 m) müssen über das Hauptnetz betrieben werden.

kabel in einer Schutzhülle in mindestens 60 cm Tiefe verlegen. Außerdem muss man die Steckdose, mit der die Pumpe verbunden ist, durch einen Schutzschalter absichern. Bitte ziehen Sie hierfür einen Fachmann zu Rate und kaufen Sie nur Produkte mit TÜV- oder VDE-Prüfkennzeichen.

Für die meisten Geräte genügt allerdings ein Niedervolt-Anschluss mit 12 oder 24 Volt. Hierfür braucht man einen Transformator, der den Strom vom Hauptnetz umwandelt.

Unser Wasserverbrauch wird gemessen. Können wir trotzdem einen Teich haben?

Natürlich können Sie einen Teich haben. Grundsätzlich gibt es keine Einschränkungen. Wenn Sie den Teich einmal auffüllen und dann gelegentlich vom Haupthahn nachfüllen, dürfte es nicht allzu teuer werden. Doch Sie müssen jeden verbrauchten Wassertropfen bezahlen; daher wäre es unsinnig, einen Wasserlauf zu konstruieren, der ständig durch Wasser vom Haus versorgt werden muss – abgesehen davon, dass das eine furchtbare Wasserverschwendung wäre.

Vergewissern Sie sich, dass der Teich kein Leck hat, denn dann müsste er regelmäßig aufgefüllt werden (siehe Seiten 136–137). Das Wasser, das auf natürliche Weise verdunstet, sollten Sie mit gesammeltem Regenwasser ersetzen.

Gibt es eine ideale Teichgröße?

Im Grunde genommen nicht; wichtig ist, dass der Teich in einem vernünftigen Größenverhältnis zu Haus und Garten steht. Der Teich muss mit seiner direkten Umgebung harmonieren. Ein Riesenteich in einem kleinen Garten sieht merkwürdig aus und lenkt die Blicke zu sehr auf sich, während ein kleiner, stark bewachsener Teich, der im großen Garten von vielen Bäumen umgeben ist, völlig untergeht. Eine Faustregel gibt es nicht. Am besten machen Sie eine Skizze von Ihrem Garten und überlegen sich, wie groß der Teich am ausgewählten Standort sein darf. Markieren Sie die Ausmaße des geplanten Teiches auf dem Boden mit einem Seil oder Gartenschlauch und betrachten Sie die Markierung von allen Seiten. Grundsätzlich kann man sagen, dass 6 m² eine gute Größe für die Wasseroberfläche sind, wobei ein Teil des Teichs 70–75 cm tief sein sollte, damit gute Voraussetzungen für verschiedene Pflanzen und eventuell auch Tiere geschaffen sind. Wenn Sie Fische im Teich halten wollen, ist die Größe der Wasseroberfläche entscheidend für die Anzahl der Fische (siehe Seiten 22 und 106–107).

Wasser sparen

Tipps für den sparsamen Umgang mit Wasser

- Reparieren Sie Lecks sofort.
- Vergewissern Sie sich, dass der Teichrand rundherum gerade ist.
- Sammeln Sie soviel Regenwasser wie möglich.
- Pflanzen Sie Seerosen im Teich, damit weniger Wasser verdunstet.
- Benutzen Sie den Teich nicht zum Auffüllen der Gießkanne.

Sicherheitshinweis

Wasser und Strom können eine gefährliche Kombination sein. Verwenden Sie nur wasserdichte Spezialkabel mit Schutzhülle und wasserdichte Anschlüsse. Lassen Sie sich von einem Fachmann beraten, der am besten auch die Installationen für Sie ausführt.

Standort und Ausrichtung

- **Wie kann ich den Teich in den Garten integrieren?**

Nehmen Sie sich Zeit für die Planung. Ein Teich, der willkürlich irgendwo in den Garten gebaut wird, kann das Gesamtbild des Gartens zerstören. Der Standort des Teiches muss im Hinblick auf den ganzen Garten und die Lage des Hauses überlegt werden. Auch wenn ein Teich im Grunde „künstlich" ist, soll er so natürlich wie möglich aussehen. Wenn Sie einen formal gestalteten Garten haben, sollte der Teich ebenfalls formal sein. In einem formfreien Garten sollte der Teich eine unregelmäßige Form haben. Wenn Sie einen formalen Teich haben, aber einen formfreien Garten möchten, können Sie die Teichränder mit Pflanzen kaschieren. Wenn Ihr Garten auf Natürlichkeit ausgerichtet ist, wäre ein unbepflanztes Betonbecken völlig unangebracht.

- **Mein Garten hat sonnige und schattige Plätze. Was ist besser für einen Teich?**

Grundsätzlich braucht ein Gartenteich viel Sonne. Doch in den meisten Gärten wird im Laufe des Tages Schatten über Teile des Gartenteiches wandern, was kein Problem ist. Ein gänzlich schattiger Standort eignet sich aber nicht für einen Teich.

- **Ich habe viele Bäume im Garten. Kann ich trotzdem einen Teich anlegen?**

Grundsätzlich sind Bäume und Teiche keine gelungene Kombination. Wenn Sie einen großen Teich haben mit ein bis zwei Bäumen an der Nordseite, die nicht allzu viel Schatten werfen, werden Sie kaum Probleme haben. Doch ein Teich, an dessen Ufer rundherum Bäume stehen, die kaum Sonne auf die Wasseroberfläche lassen, wird wahrscheinlich nicht lange leben. Die Pflanzen unter Wasser brauchen Licht, um lebensnotwendigen Sauerstoff zu produzieren. Außerdem fallen Blätter in den Teich und verändern den pH-Wert des Wassers. Immergrüne Bäume werfen das ganze Jahr über Blätter ab, die ebenfalls im Wasser verfaulen. Wenn Sie einen gesunden Teich voller Leben haben möchten, müssen Sie sich von einigen Bäumen trennen.

- **Muss ein Teich eine bestimmte Ausrichtung haben?**

Nein; die Lage des Teiches im Garten wird hauptsächlich von der Form des Gartens diktiert. Die Kanten eines eckigen Teiches sollten parallel oder im rechten Winkel zu den Seiten des Gartens sein. Ein runder Teich hat in diesem Sinne keine Ausrichtung; bei der Planung eines ovalen Teiches sollten Sie im Geiste eine Gerade durch seine Längsseite ziehen und diese als Ausgangspunkt für die Ausrichtung des Teiches im Garten nehmen. Die unregelmäßige Form von formfreien und semi-formalen Teichen hat den Vorteil, dass man sich keine Gedanken um die Ausrichtung machen muss. Wenn Sie einen relativ langen, schmalen Teich planen, sollte seine Längsseite parallel zur Längsseite des Gartens

Wo der Teich liegen sollte

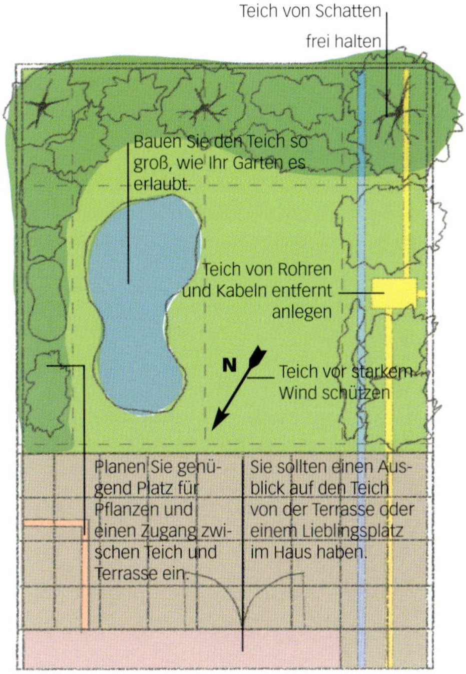

sein (siehe Abbildung oben), damit der Teich den Garten nicht halbiert. Diese Faustregel kann man durchbrechen, wenn der Garten sich auf zwei Ebenen befindet. Legen Sie den Teich dort an, wo er viel Sonne bekommt, und sorgen Sie dafür, dass er in das Gesamtbild des Gartens passt.

● Von wo aus betrachtet man den Teich am besten?

Auch das hängt vom Design des Gartens ab. Meist ist ein Teich das interessanteste Element in einem Garten, und er sollte daher nicht komplett zugewachsen sein. Wenn man den Teich von der Terrasse nicht sehen kann, können Sie eine Sitzecke in der Nähe des Teiches anlegen, wo Sie sich entspannen und den Teich betrachten können. Vor allem im Winter verbringt man viel Zeit damit, aus dem Fenster zu gucken, und daher ist es sinnvoll, den Teich so zu positionieren, dass man ihn vom Esszimmer oder der Küche aus sehen kann. Planen Sie die Bepflanzung so, dass der Blick – von wo auch immer – nicht gestört ist.

Die Lage des Teiches

Legen Sie den Teich nicht im niedrigsten Teil des Gartens an. Hier herrscht öfter Frost als in höher gelegenen Teilen, was die Auswahlmöglichkeit von Pflanzen erheblich einschränkt. Außerdem besteht die Gefahr, dass Chemikalien, die Sie woanders im Garten nutzen, ungehindert nach unten in den Teich gelangen. Die meisten Chemikalien stören das Gleichgewicht im Teich und fördern das Wachstum von Algen.

Teiche am Hang und Wassergärten an anderen ungewöhnlichen Standorten

Der einzig mögliche Standort für einen Gartenteich ist am Hang. Kann ich dort einen Teich bauen?

Ein Hang kann sogar besonders gut geeignet sein, weil er Ihnen auf natürliche Weise ermöglicht, eine Wasserlandschaft auf verschiedenen Ebenen zu kreieren. Sie können sogar ein System von Wasserfällen und Wasserläufen auf mehreren Stufen anlegen (siehe Foto oben). Natürlich erfordert solch ein System viel Arbeit und vermutlich auch höhere Kosten als ein Teich auf ebenem Gelände. Ein einfacher Teich muss teils in den Hang eingearbeitet werden und teils auf dem Hang aufsitzen, so dass die Ränder rundherum auf einer Höhe sind. Wenn der Hang sehr steil ist, sollten Sie sich von einem Fachmann beraten lassen – vor allem, wenn Sie einen großen Teich planen. Es besteht die Gefahr, dass der Hang ins Rutschen kommt. Anstelle eines großen Teiches am Hang, der schwierig zu bauen ist, können Sie mehrere kleine Teiche bauen. Diese gefährden den Hang nicht und können auch ohne Hilfe errichtet werden. Sie können auch in einen Steingarten integriert werden.

Ein Bach fließt durch meinen Garten. Wie kann ich ihn nutzen?

Die meisten Gärtner finden es sicher wunderbar, einen natürlichen Wasserlauf im Garten zu haben. Es kann aber gelegentlich auch problematisch sein, wenn er über die Ufer tritt oder am falschen Ort fließt und nicht oder nur unter großen Schwierigkeiten umgeleitet werden kann. Im Idealfall können Sie neben dem Bach einen Teich anlegen, aber Sie müssen sich auf alle Fälle beim Bauamt und bei den Stadtwerken erkundigen, da der Teich die Wassermenge des Baches verringern wird. Setzen Sie sich in jedem Fall mit den Behörden in Verbindung, wenn Sie die Veränderung eines bestehenden Wasserlaufes in Ihrem Garten planen.

Sie brauchen aber keine Genehmigung, um allerlei interessante Pflanzen am Ufer des Baches zu pflanzen (siehe Foto gegenüberliegende Seite unten). Sie können heimische Pflanzen wählen, damit der Bach ganz natürlich aussieht, Sie können aber auch aus der Vielzahl von besonders dekorativen Uferpflanzen auswählen (siehe Seiten 96–97).

Der einzige Ort, an dem ich einen Teich bauen kann, ist nah beim Haus. Kann es Probleme geben?

Ein Teich in Hausnähe dürfte keine Probleme verursachen, außer er ist extrem tief. Ein flacher Teich, der nicht direkt an der Hauswand positioniert ist, dürfte keine Schwierigkeiten machen. Wenn Sie einen Teich in Hausnähe möchten, sollten Sie sich für einen Aufsitzteich entscheiden, dessen Wasseroberfläche über dem Boden liegt und der von gemauerten Steinen umgeben ist (siehe Foto unten). Bauen Sie niemals einen Teich direkt an die Hausmauer, denn das wird zu Feuchtigkeit im Haus führen. Sie sollten auch keinen Springbrunnen und kein Wasserspiel neben der Hausmauer haben, denn selbst bei bester Planung und größter Vorsicht lässt sich nicht vermeiden, dass Wasser gegen die Hauswand spritzt. Wenn Sie unentschlossen sind, ziehen Sie einen Fachmann zu Rate. Es ist besser, in der Planungsphase etwas mehr Geld auszugeben, als später vermeidbare Schäden reparieren zu lassen.

Hanglage

An Hängen findet man oft unter der Oberfläche felsigen Grund. Sie sollten ein bis zwei Probelöcher graben, um den Zustand des Bodens zu prüfen, bevor Sie sich für die Lage des Teiches entscheiden. Vergewissern Sie sich, dass genug Erde zum Ausheben vorhanden ist.

Verschiedene Teichmodelle

Passt ein bestimmtes Teichmodell besser in einen bestimmten Garten? Wie finde ich den richtigen Teich?

Diese Frage ist nicht leicht zu beantworten, da es unendlich viele verschiedene Gärten und verschiedene Teichmodelle gibt. Man kann sich in der Planungsphase jedoch an einigen Grundregeln orientieren – natürlich ist das kein Muss!

Ein formaler Teich sieht in einem formalen Garten am besten aus. Seine klaren Linien und die Einfachheit passen in die formale, oft ganz symmetrische Umgebung, in der ein stark bewachsener Naturteich völlig fehl am Platz wäre. Wenn der Garten weniger formal ist, sei es in seiner grundsätzlichen Gestaltung oder aber, weil die Besitzer ihn etwas lebendiger wünschen, passt ein formfreier Teich natürlich besser. Wenn Sie gerne Vögel beobachten und andere Tiere anlocken wollen, sollten Sie sich für einen Naturteich entscheiden – obwohl manche Tiere auch andere Teiche besuchen werden. In einem kleinen Garten oder Hinterhof ist vielleicht nur Platz für einen Springbrunnen. Machen Sie sich eine Liste mit Ihren Vorstellungen und den Voraussetzungen. Wählen Sie danach den Teich aus, der am besten zu Ihnen, Ihrem Garten und Ihrem Geldbeutel passt.

Spiegelungen

Wenn Sie nur einen kleinen Teich im Hinterhof haben, können Sie sich überlegen, neben dem Teich einen Spiegel anzubringen, der nicht nur die Spiegelungen von Licht und Wasser vervielfacht, sondern den Teich größer erscheinen lässt. Die Ränder des Spiegels können Sie mit Pflanzen kaschieren.

Ich liebe Wasserspiegelungen. Soll ich eine Wasserlandschaft mit stehendem oder fließendem Wasser bauen?

Fließendes Wasser ist dynamisch und hat den Vorteil, dass es ständig wechselnde Spiegelungen bietet. Ob Wasserlauf, Fontäne oder Wasserfall – ein weiteres Plus von fließendem Wasser ist das Plätschern und Rauschen. Stehendes Wasser hingegen vermittelt mehr Ruhe und verändert sich langsam. Es bewegt sich nur ganz sanft durch den Wind, und die Spiegelungen verändern sich mit dem Lauf der Sonne. Natürlich kann man einen Teich mit stehendem Wasser durch einen Springbrunnen oder Wasserfall beleben.

Nun braucht man auch noch Gegenstände, die sich im Wasser spiegeln. Ob stehendes oder fließendes Wasser – es sollte von Pflanzen umgeben sein. Die unterschiedlichen Formen und Farben von Wasser- und Uferpflanzen machen die Spiegelungen erst richtig spannend.

Ich liebe das Plätschern von Wasser. Brauche ich einen Teich, um es genießen zu können?

Sie brauchen keinen Teich, denn das Geräusch entsteht durch die Bewegung des Wassers. Sie können einen Springbrunnen bauen (siehe Foto unten), ohne dass Sie dafür auch einen Teich brauchen. Sie benötigen lediglich genug Platz für einen Behälter oder ein Reservoir für die Tauchpumpe und das zirkulierende Wasser. Zu den beliebtesten Wasserspielen gehören Quellsteine. Das Wasser sprudelt nach oben, läuft über den dekorativen Stein wieder in das Reservoir, von wo es mit der Pumpe nach oben gepumpt wird. Wasserspeier, die an der Mauer

angebracht sind, funktionieren nach einem ähnlichen Prinzip. Diese kleinen Wasserspiele sorgen für das angenehme Plätschern von bewegtem Wasser und vermitteln Ruhe und Frieden im Garten.

Verschiedene Wassergärten

Jede Art von Wassergarten gibt es in verschiedenen Größen. Manche Modelle lassen sich gut kombinieren, wenn genügend Platz vorhanden ist.

- Formaler Teich
- Formfreier/naturnaher Teich
- Semi-formaler Teich
- Naturteich
- Miniteich (im Gefäß)
- Sumpfgarten
- Wasserlauf
- Wasserspeier oder Springbrunnen

Welcher Teich für welchen Garten?

Welcher Teich eignet sich am besten für Fische?

Wichtigste Voraussetzung für einen Fischteich ist sauberes, sauerstoffreiches Wasser. Als Faustregel für die Größe gilt: Pro 30 x 30 cm Wasseroberfläche kann man einen 5 cm langen Fisch halten. Außerdem braucht ein Fischteich viele Unterwasserpflanzen. Idealerweise sollte der Fischteich eine Tiefwasserzone haben, in der die Wassertemperatur das ganze Jahr über relativ konstant ist (siehe Seiten 106–107).

Wer allerdings Fische züchten will, vor allem Exoten wie Koi, sollte einen speziellen Fischteich für sie anlegen. Im Grunde handelt es sich dabei eher um einen Tank als um eine optische Attraktion im Garten.

Was für ein Wasserspiel eignet sich für einen Hinterhof?

Da Hinterhöfe in der Regel klein und meist gepflastert sind, gibt es kaum Platz für einen richtigen Teich. Doch es gibt verschiedene Wasserspiele, die einen Hinterhof verschönern können (siehe Foto unten). Wenn Sie sich für ein kleines Wasserspiel entscheiden, können Sie einen Miniteich bauen, der nur 60–100 cm groß ist. Dieser Miniteich könnte ganz einfach aus einem freistehenden Gefäß bestehen oder aber einem gebauten Becken mit Steineinfassung. Wasserdichte Fässer, die halbiert für sich schon attraktiv aussehen, können in hübsche Miniteiche verwandelt werden. Ein gebauter Teich kann ganz oder teilweise in den Boden versenkt werden – wenn man den gepflasterten Boden aufbrechen kann. Sie können auch einen Aufsitzteich bauen, der von Ziegelsteinen oder anderen Steinen eingefasst ist. Es gibt auch viele kleine bescheidene Wasserpflanzen, die in einem Mini-

Pflanzen für einen kleinen Teich

Die meisten Seerosen sind zu groß für einen kleinen Teich, aber es gibt auch ein paar kleine Züchtungen (siehe Seiten 90–91). Außerdem eignen sich folgende Pflanzen für einen kleinen Teich:

- Binse (*Juncus effusus*)
- Bunte Houttuynie (*Houttuynia cordata*)
- Kleiner Kalmus (*Acorus gramineus „Pusillus"*)
- Kleiner Rohrkolben (*Typha minima*)
- Moorbinse (*Isolepsis cernua*)
- Nadelsimse (*Eleocharis acicularis*)
- Quellmoos (*Fontinalis antipyretica*)
- Sternfrucht (*Damasonium alisma*)
- Vergissmeinnicht (*Myosotis scorpionides*)
- Zwergwasserlinse (*Wolffia arrhiza*)

teich hübsch aussehen. Eine andere Möglichkeit ist, in die Höhe zu bauen. Ein Wasserspeier, der an einer Mauer angebracht ist (siehe Foto rechts), kann Wasser in ein kleines Becken spucken, das entweder in den Boden eingelassen ist oder aber für sich ein attraktives Gefäß ist. Ein solches Wasserspiel nimmt nur wenig Platz in Anspruch, wird ihren Hinterhof aber viel attraktiver machen durch das Plätschern des Wassers und die Spiegelungen.

- **Kann ich in einem kleinen Garten einen formalen Teich bauen?**

Ein formaler Teich kann in jedem Garten gebaut werden, unabhängig von der Größe. Allerdings müssen die Proportionen von Teich und Garten stimmen. Ein großer Teich in einem kleinen Garten sieht nicht gut aus, doch ein kleiner Teich in einem kleinen Garten wird immer attraktiv sein, selbst wenn der Teich nur 60 cm Durchmesser hat. Es gibt auch keinen Grund, warum man nicht mehrere kleine Teiche bauen sollte. Ein solches Arrangement wirkt auf gepflastertem Boden oder Kies sicher besser als im Gras.

- **Kann ich in einem Stadtgarten einen Wasserlauf haben?**

Sie können überall einen Wasserlauf haben, sofern er in die Umgebung passt. Selbst in einem kleinen gepflasterten Hinterhof können Sie ein Bächlein haben, das in einer 15 cm breiten Rinne fließt, die zwischen den Pflastersteinen verlegt wird. Die Rinne kann gerade sein oder einem geometrischen Muster folgen. Ist der Boden nicht gepflastert, kann man einen sich schlängelnden Wasserlauf bauen. Natürlich wirkt ein Wasserlauf als Teil eines Steingartens, wenn das Wasser von dem höher gelegenen in das darunter liegende Becken fließt.

- **Ich möchte einen natürlich aussehenden Garten haben. Kann ich in einem Stadtgarten einen formfreien Teich bauen?**

Es gibt keinen Grund, warum Sie das nicht tun sollten. Im Gegenteil, einiges spricht für einen

formfreien Teich. Grundsätzlich lässt sich sagen, dass sich Stadt- und Landgärten viel weniger voneinander unterscheiden, als allgemein angenommen wird. Häufig gibt es nicht einmal mehr Größenunterschiede, denn neu angelegte Gärten in kleinen Orten sind oft nicht größer als alte Gärten in der Stadt.

Naturteiche sollen in erster Linie Lebensraum für Tiere bieten. Optik steht nicht an erster Stelle. Natürlich heißt das nicht, dass ein Naturteich nicht auch schön aussehen kann und soll. In Städten (und auch immer häufiger auf dem Land) gibt es immer weniger natürlichen Lebensraum für Tiere, und durch den Bau eines Naturteiches kann man diesen Mangel ein bisschen beheben (siehe Seiten 30–31).

Formale Teiche

Was ist ein formaler Teich?

Ein formaler Teich ist ein Teich, dessen äußere Form ebenso wichtig ist wie das Wasser und alle anderen Elemente. Formale Teiche haben eine regelmäßige geometrische Form – meist quadratisch, viereckig, rund oder oval. Ränder und Begrenzungen sind sichtbar und nicht von wild wachsenden Pflanzen verdeckt. Meist findet man formale Teich in formal gestalteten Gärten. Die Form des Teiches spielt eine große Rolle für die Gestaltung und das Design des gesamten Gartens, da sie die Symmetrie der Anlage betont. In der Regel hat ein formaler Teich eine harte Umfassung aus Stein. Ein formaler Wassergarten muss nicht unbedingt ein Teich sein. Auch ein kleines Bächlein, das in einer nur 15 cm breiten Rinne durch den Garten fließt, kann formalen Charakter haben.

Formen für formale Teiche

Da formale Teiche in der Regel Umfassungen aus hartem Material haben, sind sie meist regelmäßig und geometrisch geformt. Ein formaler Teich kann aber auch L-förmig sein oder aus einem langen schmalen Kanal bestehen. Auch Wasserläufe, die sich regelmäßig winden, können formal sein, vorausgesetzt, die Ränder sind aus Stein. Wenn Sie einen unregelmäßig geformten Teich für einen formalen Garten wünschen, müssen sie dafür sorgen, dass die Unregelmäßigkeit geplant und erwünscht ist und nicht zufällig entstanden. Betonen Sie die Form durch gut gewähltes Material für den Rand und wohl überlegte Uferbepflanzung.

In welcher Umgebung kommt ein formaler Teich am besten zur Geltung?

Ein formaler Teich wirkt in einem formalen Garten am besten. Formale Gärten sind meist symmetrisch angelegt. Selbst wenn die Form des Gartens unregelmäßig ist, erkennt man den formalen Garten an der Klarheit der Linien und Begrenzungen. Häufig sind formale Gärten nur wenig bepflanzt; Bäume und Büsche wachsen in regelmäßigen Abständen und sind ordentlich geschnitten. Ein klares System von Gehwegen führt durch den Garten. Rhythmus spielt in einem formalen Garten eine große Rolle, und selbst die Bepflanzung des Teiches wird stark kontrolliert, indem man beispielsweise nur eine

Baumaterial für den formalen Teich

Ein formaler Teich ist meist aus Beton gebaut, der sich für rechteckige und quadratische Formen und Rinnen bestens eignet. Runde und ovale Teiche werden oft mit Folie aus Butyl-Kautschuk ausgelegt, weil sich für ovale Formen Beton nicht gut eignet.

Pflanzenart symmetrisch um den Teich anordnet (siehe Foto rechts). In einem sehr großen Garten kann der Teich ganz abgetrennt vom Rest des Gartens in einem formal gestalteten Bereich liegen, während der Rest des Gartens weniger formal ist.

Braucht ein formaler Teich eine bestimmte Mindesttiefe?

In der Regel ist ein formaler Teich überall gleich tief. Seine Umrisse sind ganz klar erkennbar durch die Verwendung von Stein oder Fliesen, was den formalen Charakter noch mehr betont. Wenn Sie die Teichränder bepflanzen wollen, sollten Sie zum Rand hin einige Stufen bauen, um die Wassertiefe zu variieren, denn verschiedene Pflanzen benötigen verschiedene Wassertiefen. Meist sind formale Teiche nicht sehr tief. Wenn Sie einen Folienteich bauen, sollte er mindestens 60–90 cm tief sein, damit man die Folie nicht sieht.

Welche Pflanzen eignen sich für einen formalen Teich?

Bei der Bepflanzung eines formalen Teiches beschränkt man sich in der Regel auf einige wenige Arten. Man wird eher weniger Pflanzen verwenden und diese wohl überlegt anordnen. Die Pflanzen dürfen die Umrisse des Teiches nicht verbergen und die Wasseroberfläche nicht bedecken. Ausnahme sind gleich große und hohe Pflanzengruppen wie Seerosen. Die Pflanzen werden nach genauer Planung eingepflanzt, entweder in die Ecken oder in regelmäßigen Abständen entlang der Längsseite des Teiches. Manche formalen Teiche kommen mit nur einer einzigen Pflanze aus. Wie auch die Form des Teiches, so sollten auch die Pflanzen klare Formen und Linien haben. Schön ist eine Kombination von niedrigen Pflanzen wie Seerosen und schlanken, hochwüchsigen Pflanzen wie Iris. Ausladende Pflanzen wie Funkien oder Farne mit ihren weit geschwungenen Blättern sollten eher in Töpfen am Rand des Teiches wachsen, aber mit ausreichend Abstand, so dass sie die Umrisse des Teiches nicht verstecken.

Pflanzen für einen formalen Teich

Wenn Sie einen formalen Teich bepflanzen, entscheiden Sie sich am besten für ein bis zwei Arten. Verteilen Sie diese so im Teich, dass sie die Gesamtform betonen. Die cm-Angabe bei jeder Pflanze bezieht sich auf die Wassertiefe, in der die Pflanze wächst, nicht auf die gesamte Tiefe des Teiches.

- Blumenbinse (*Butomus umbellatus*): 5–40 cm
- Eidechsenschwanz (*Saururus cernuus*): 10–15 cm
- Japanische Sumpfiris (*Iris laevigata*): 8 cm
- Kalmus (*Acorus calamus*): 23 cm
- Nadelsimse (*Eleocharis acicularis*): unter Wasser
- Pfeilaronstab (*Peltandra sagittifolia*): 5–8 cm
- Riesensüßgras (*Glyceria maxima var. Variegata*): 15 cm
- Seerose (*Nymphaea*): unterschiedlich
- Teichsimse (*Schoenoplectus lacustris subs.*): 8–15 cm

Semi-formale Teiche

Was ist ein semi-formaler Teich?
Ein semi-formaler Teich liegt – wie der Name schon vermuten lässt, zwischen einem formalen und einem formfreien Teich. Ein semi-formaler Teich passt gut in die Mitte des Rasens oder neben die Terrasse. In der Regel ist der größte Teil oder sogar das gesamte Ufer zu sehen, aber die Form des Teiches ist eher naturnah als geometrisch. Solch ein Teich passt in einen kleinen überschaubaren Garten, wo alles seine Ordnung hat, aber nicht vollkommen symmetrisch und geometrisch angeordnet ist wie im formalen Garten. Die äußere Form des semi-formalen Teiches ist nicht seine Hauptattraktion, wie das beim formalen Teich der Fall ist; auf der anderen Seite wird der semi-formale Teich weniger dicht bepflanzt sein als ein formfreier Teich. Die Gewichtung liegt etwas mehr auf der Form als auf der Bepflanzung. Die Wasseroberfläche des semi-formalen Teiches bleibt überwiegend frei, so dass man ungehindert Fische beobachten kann. Brunnen, Wasserfälle und Wasserspiele können Teil des semi-formalen Teiches sein. Die Uferbepflanzung kann aus einjährigen Pflanzen bestehen. Für diesen Teich sind vorgeformte Fertigbecken ideal.

Welche Formen eignen sich für einen semi-formalen Teich?
Der semi-formale Teich kann so geformt sein, wie Sie es möchten: Die Möglichkeiten reichen von den regelmäßig geometrischen Formen der formalen Teiche bis zu den willkürlichen Umrissen eines formfreien Teiches. Wenn Sie eine regelmäßige Form wählen, wird sie beim semi-formalen Teich durch die Bepflanzung aufgelockert, die zumindest einen Teil der äußeren Umrisse verdeckt. Wenn Sie eine unregelmäßige Form bevorzugen, werden die Ufer eher weniger bis gar nicht bepflanzt, so dass die Form betont wird. Grundsätzlich empfehlen wir, die Form des Teiches nicht unnötig verwinkelt und kompliziert zu gestalten, denn je regelmäßiger die Form ist, umso einfacher wird das Auskleiden mit Teichfolie. Es gibt viele Fertigteiche in verschiedenen Größen und Formen, die sich gut für semi-formale Teiche eignen.

Braucht ein semi-formaler Teich eine Mindest-Wassertiefe?
Es ist durchaus möglich, einen Teich zu haben, der nur 15 cm tief ist. Ein wirklich guter und gesunder Teich sollte aber viel tiefer sein. Als Faustregel gilt, dass der Teich so tief sein sollte, dass man den Grund nicht sehen kann, wenn der Teich voll ist. Sie sollten eine Mindesttiefe von 60 cm anstreben. Am besten gestalten Sie den Teich mit verschiedenen Tiefenzonen, um den unterschiedlichen Bedürfnissen der Pflanzen und Tiere zu entsprechen. Flaches Wasser wärmt sich im Sommer schneller auf, friert aber im Winter auch schneller zu. Tiefes Wasser ist immer kühler und wird in einem richtig heißen Sommer der Lieblingsort der Fische sein. Außerdem können Tiere sich im tiefen Wasser gut verstecken.

Pflanzen für den semi-formalen Teich

Folgende Pflanzen eignen sich sowohl für den semi-formalen als auch für den formfreien Teich. Die cm-Angabe bei jeder Pflanze bezieht sich auf die Wassertiefe, in der die Pflanze wächst, nicht auf die gesamte Tiefe des Teiches.

- Bunte Houttuynie (*Houttuynia cordata*): bis 5 cm
- Goldkeule (*Orontium aquaticum*): bis 30 cm
- Hechtkraut (*Pontederia cordata*): bis 13 cm
- Japanische Sumpfiris (*Iris laevigata*): 8–10 cm
- Seerose (*Nymphaea cvs.*): verschieden
- Sumpfdotterblume (*Caltha palustris*): bis 23 cm
- Sumpf-Hahnenfuß (*Ranunculus lingua*): 8–15 cm
- Sumpf-Schwertlilie (*Iris pseudacorus*): bis 30 cm
- Sumpf-Vergissmeinnicht (*Myosotis scorpioides*): bis 15 cm
- Tausendblatt (*Myriophyllum spicatum*): unter Wasser

Formfreie oder naturnahe Teiche

Was ist ein formfreier Teich ?

Formfreie Teiche müssen nicht unordentlich sein, haben aber etwas Entspanntes und Unverkrampftes. Die Ufer sind an vielen Stellen zugewachsen, so dass die Umrisse nicht zu sehen sind. Über den Uferrand hängende Büsche verbergen das Wasser und vermitteln den Eindruck, der Teich reiche bis ins Unendliche. Ein solcher Teich ist reich bepflanzt, und die Pflanzen sind ebenso wichtig wie der Teich selbst. Natürlich muss das Ufer teilweise unbepflanzt sein, damit man aufs Wasser sehen kann. An manchen Stellen wird nur das Glitzern des Wassers zwischen den Pflanzen das Vorhandensein des Teiches verraten.

Welche Form eignet sich für einen formfreien Teich am besten?

Es gibt keine Vorschriften für die Form des formfreien Teiches, wie sein Name schon vermuten lässt. Natürlich sollte er nicht regelmäßig geometrisch geformt sein. Im Gegenteil, die Umrisse sollten gewunden sein. Entwerfen Sie keine Form mit engen oder spitzen Buchten, die unnatürlich aussehen und das Auskleiden mit Folie erheblich erschweren.

Eine sanfte kontinuierliche Kurve sieht besser aus, ist leichter zu bauen und zu pflegen. Die ursprüngliche Form des Teiches wird ohnehin von den Pflanzen versteckt und ist daher nicht so wichtig.

Für welchen Garten eignet sich der formfreie Teich am besten?

Ein formfreier Teich passt in einen Garten mit vielen Beeten und Pflanzen, Kräutern und Sträuchern, die ineinander übergehen. Meist werden formfreie Teiche in den Rasen versenkt, der als Ufer ideal ist (siehe Seiten 58–59); sie können auch mit einer Seite an einen Weg grenzen. Ein formfreier Teich passt nicht gut in eine komplett gepflasterte Umgebung und er sollte auch nicht völlig isoliert liegen. Am besten wachsen Pflanzen bis ans Ufer, möglicherweise hängen ein bis zwei Büsche sogar ein bisschen übers Wasser.

Braucht ein formfreier Teich eine Mindest-Wassertiefe?

Wie bei allen Teichen gilt auch hier: Das Wasser sollte so tief sein, dass man den Grund nicht sieht, wenn der Teich voller Wasser ist. Es empfiehlt sich, unterschiedliche Tiefenzonen zu etablieren, von etwa 9 cm Tiefe in Ufernähe bis zu mindestens 60 cm Tiefe in der Mitte des Teiches. So können Sie viele verschiedene Pflanzen anpflanzen und darüber hinaus Fischen und anderen Tieren unterschiedliche Lebensräume bieten.

Wie viel Prozent der Wasseroberfläche dürfen mit Pflanzen bedeckt sein?

Obwohl ein formfreier Teich üppig bepflanzt wird, empfiehlt es sich, zumindest einige Stellen in Ufernähe vollkommen frei zu halten. Außerdem sollte die Wasseroberfläche nicht vollständig von Schwimmpflanzen bedeckt sein (siehe Foto oben), denn dann werden Sie nie einen Fisch zu sehen kriegen. Schneiden Sie Seerosen und andere Schwimmpflanzen so zurück, dass mindestens die Hälfte der Wasseroberfläche zu sehen ist.

Auslichten der Pflanzen

Sie sollten ein- bis zweimal im Sommer die Wasseroberfläche von einem Teil der Pflanzen befreien, indem Sie diese mit einem Rechen herausziehen. Wasserpflanzen sind voller Nährstoffe und gehören auf den Komposthaufen. Arbeiten Sie vorsichtig, damit Sie mit dem Rechen keine Löcher in die Teichfolie machen.

Ich habe einen formfreien Teich. Welche Pflanzen eignen sich am besten?

Alle Pflanzen, die zum semi-formalen Teich passen (siehe Seiten 26–27), eignen sich auch für den formfreien Teich. Sie können sich für eine Art entscheiden, aber spannender ist es, eine Kombination von Blattpflanzen und blühenden Pflanzen zu haben. Hochwüchsige Pflanzen wie Iris, Rohrkolben (*Typha*) und Segge (*Carex*) lassen sich mit niedrigeren, breiter wachsenden Pflanzen wie Sumpfcalla (*Calla palustris*) und Afrikanischer Calla (*Zantedeschia aethiopica*) und einigen Schwimmblattpflanzen wie Seerosen kombinieren. Niedrig wachsende Pflanzen wie Gauklerblume (*Mimulus luteus*) and Sumpf-Vergissmeinnicht (*Myosotis scorpioides*) eignen sich gut als optische Verbindung der Pflanzen am Gewässerrand.

Naturteiche

Voraussetzungen für einen Naturteich
Wenn Sie einen Naturteich für Tiere planen, müssen folgende Voraussetzungen geschaffen sein:

- Ein sicherer Ort
- Reichlich Schutz in der Nähe
- Gute Möglichkeiten zum Hinein- und Herausklettern
- Unbewachsene Wasserflächen
- Sauerstoff produzierende Pflanzen im Wasser
- Futterpflanzen im Wasser und am Wasserrand

Was ist ein Naturteich?

Ein Naturteich wird angelegt, um Tieren einen Lebensraum zu bieten. Manche Vögel und andere Tiere fühlen sich immer zu Wasser hingezogen, doch der Naturteich wird so konstruiert, dass die Tiere dort sicher leben und sich vermehren können. Daher ist Schutz vor Räubern ein wichtiger Aspekt, und ein Naturteich ist sowohl am Ufer als auch im Wasser stark bewachsen. Wenn der Teich groß genug ist, kann man sogar Nistplätze für Vögel einplanen. Die Pflanzen im Teich und am Ufer dienen den Vögeln ebenso als Nahrungsquelle wie die Insekten und anderen kleinen Tiere, die vom Teich angelockt werden. Ein Naturteich ist natürlich formfrei. Häufig findet man im Naturteich mehr heimische Pflanzen als Zuchtpflanzen. Gartenpflanzen sind Teil der Teichlandschaft und sind in erster Linie Arten, die reichlich Nektar und Pollen enthalten – was vielen Neuzüchtungen fehlt. Natürlich soll es Freude machen, das Treiben im Naturteich zu beobachten, doch in erster Linie liegt der Sinn des Naturteiches darin, Lebensräume für Tiere zu schaffen. Daher sollte der Naturteich an einigen Stellen keinen Einblick erlauben.

Kann ich im Naturteich Fische halten?

Auch wenn man spontan denken würde, der Naturteich ist der ideale Teich für Fische, so muss man vorsichtig sein. Die meisten Fische sind Allesfresser, die sowohl Pflanzen als auch den Nachwuchs anderer Teichbewohner fressen. Wenn viele Fische im Teich sind, können sie Libellenlarven und Frosch- oder Krötenlaich komplett auslöschen. Selbst Kaulquappen sind vor gierigen Fischen nicht sicher. Besser verzichten Sie auf Fische im Naturteich, wenn Sie anderen Tieren einen Lebensraum bieten möchten. Nur wer einen wirklich großen Naturteich mit verschiedenen Lebensräumen und Versteckmöglichkeiten hat, kann Fische in kleinen Mengen halten. Heimische Fische eignen sich besser als eingeführte Arten wie Goldfisch oder Koi.

Naturteich

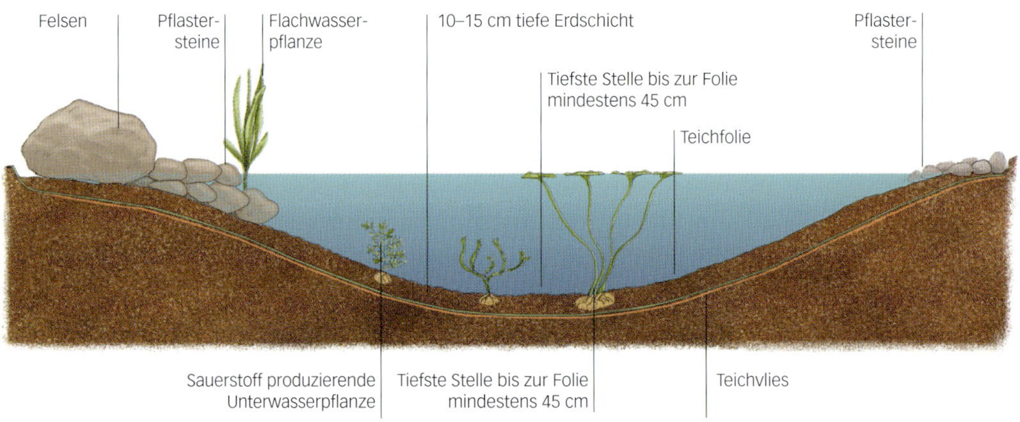

Pflanzen für den Naturteich

Diese Pflanzen eignen sich für den Naturteich. Die cm-Angabe bei jeder Pflanze bezieht sich auf die Wassertiefe, in der die Pflanze wächst, nicht auf die gesamte Tiefe des Teiches.

- Dreifurchige Wasserlinse (*Lemna trisulca*): schwimmend
- Fieberklee (*Menyanthes trifoliata*): bis 5 cm
- Gelbe Schwertlilie (*Iris pseudacorus*): bis 30 cm
- Hängende Segge (*Carex pendula*): 2,5 cm
- Schilf (*Phragmites australis*): 8 cm
- Schmalblättriger Rohrkolben (*Typha angustifolia*): bis 40 cm
- Sumpf-Heusenkraut (*Ludwiga palustris*): 15–30 cm
- Wasserampfer (*Rumex hydrolapathum*): bis 15 cm

Welche Pflanzen kann ich in und um meinen Naturteich haben?

Wer ganz puristisch ist, beschränkt sich auf einheimische Pflanzen, die auch sonst in der Umgebung natürlich vorkommen. Doch mit dieser Betrachtungsweise schränken Sie sich stark ein. Mit einem größeren Spektrum an Pflanzen bieten Sie auch mehr Futter und Schutz für die Tiere. Außerdem sind viele einheimische Teichpflanzen lediglich schnell wachsendes Unkraut. Am besten ist ein Kompromiss: Machen Sie sich eine Liste der Pflanzen, die sowohl Ihnen gefallen als auch den Bedürfnissen der Tiere entsprechen. Hier lohnt es sich, etwas Zeit in Erkundigungen zu investieren.

Vergessen Sie nicht, dass viele Gartenpflanzen völlig ungeeignet für das Leben im Wasser sind; nur Wasserpflanzen können dort leben. Die Teichufer werden häufig wie klassische Blumenbeete bepflanzt, doch beim Naturteich müssen Sie bedenken, dass viele dieser Blumen den Tieren absolut nichts bieten, da sie häufig weder Samen für Vögel und kleine Säugetiere produzieren noch Nektar oder Pollen für Insekten.

Wählen Sie Pflanzen aus, die entweder Futter oder Schutz für die Tiere bieten und außerdem einen natürlichen attraktiven Hintergrund bilden, vor dem man die Tiere beobachten kann.

Gibt es eine ideale Form für den Naturteich?

Der Naturteich kann jegliche Form haben, die Ihnen gefällt. Die Tiere, die sich bald einfinden werden, sind gänzlich unbeeindruckt vom ästhetischen Erscheinungsbild. Grundsätzlich lässt sich sagen, dass ein formaler Teich zu unnatürlich ist für Tiere – außer eingesetzten Zierfischen –, weil er zu wenig Bepflanzung hat. Ein formfreier Teich mit sanft kurvigem Rand und bepflanzten Ufern ist schon eher einladend, denn hier gibt es Versteckmöglichkeiten und die sanft abfallenden Ufer laden Tiere zum Trinken und Baden ein.

Noch wichtiger beim Naturteich ist jedoch das Vorhandensein von verschiedenen Tiefenzonen. Es sollte flache Uferzonen geben und in der Mitte des Teiches wirklich tiefe Stellen, damit verschiedene Lebensräume geboten sind. Manche Tiere laichen in flachem Wasser, das nicht nur wärmer ist, sondern auch meist frei von jagenden Fischen. Manche Fische hingegen fressen am Grund des Teiches und verstecken sich auch dort, um vor den scharfen Augen der Reiher und anderer Räuber sicher zu sein.

Aus diesen Gründen wird ein Naturteich entweder mit Folie ausgekleidet oder mit Lehmschlag gebaut sein. Ein Fertigbecken oder Betonbecken eignet sich nicht.

Sumpfgärten

Was ist ein Sumpfgarten?

Ein Sumpfgarten ist ein Teil des Gartens, in dem die Erde mit Wasser vollgesogen ist, unter Umständen das ganze Jahr über. Der Sumpfgarten ähnelt der sehr feuchten Umgebung, wie man sie manchmal am Rande von formfreien Teichen findet. Wer besonders daran interessiert ist, viele verschiedene Pflanzen aus verschiedenen Lebensräumen anzupflanzen, legt am besten einen speziellen Sumpfgarten an. Manchmal genügt es, die Uferzonen eines formfreien Teiches zu bepflanzen. Doch nicht jeder Gartenbesitzer möchte unbedingt einen Teich, und manche Gärtner wollen so viele verschiedene Sumpfpflanzen, dass gar nicht genügend Platz am Teichufer vorhanden wäre. Man kann einen Sumpfgarten ganz einfach anlegen, indem man ein Loch gräbt und dieses mit alter Teichfolie oder starkem Polyethylen auslegt. Darauf kommt Spezialerde, die besonders gut Wasser speichert. Wenn der Sumpfgarten neben dem Teich ist, kann man Wasser aus dem Teich zum Auffüllen des Sumpfgartens verwenden. Wenn Sie nur einen Sumpfgarten haben, müssen Sie ihn entweder durch ein halbautomatisches System feucht halten oder regelmäßig mit dem Gartenschlauch überschwemmen.

Kann ein Sumpfgarten jede beliebige Form haben?

Ja. Ein Sumpfgarten ist im Grunde eine besondere Art von Beet. Idealerweise sollte die Fläche mindestens so breit wie lang sein, denn dann ist es leichter, sie feucht zu halten. Nicht nur die Erde muss feucht sein; Sumpfpflanzen mögen auch feuchte Luft, und dies ist mit einer größeren Sumpflandschaft leichter zu erreichen. Je mehr Platz Sie haben, umso besser; einige Sumpfpflanzen können sehr groß werden, und große Pflanzen in einem schmalen Beet sehen seltsam aus. Wenn Sie allerdings entlang eines Bächleins Sumpflandschaften anlegen wollen, können diese natürlich auch schmaler sein. Doch auch hier sollten Sie die Beete an manchen Stellen breiter gestalten.

Muss der Sumpfgarten Bereiche mit stehendem Wasser haben?

Natürliche Sumpfgärten haben oft kleine Wasserflächen, aber im Garten ist es nicht notwendig. Es kann sogar ein Ärgernis sein, da manche Sumpfpflanzen nicht in stehendem Wasser leben können. Sie mögen es feucht, aber die Wurzeln verfaulen in stehendem Wasser. Sumpfgärten legt man also am besten so an, dass die Erde viel Wasser speichert, überschüssiges Wasser aber abfließen kann. Wer es ganz natürlich und authentisch will, kann natürlich Wasserflächen kreieren, aber in den meisten Gärten empfiehlt es sich nicht. Ein Teich in der Nähe ist attraktiver und erfüllt den gleichen Zweck.

Pflanzen für den Sumpfgarten

Die folgenden Pflanzen eignen sich für den Sumpfgarten, können aber auch woanders im Garten wachsen, solange die Erde sehr feucht ist.

- Blutweiderich (*Lythrum salicaria*)
- Gefülltes Wiesenschaumkraut (*Cardamine pratensis*)
- Japanische Sumpfschwertlilie (*Iris ensata*)
- Japanprimel (*Primula japonica*)
- Kardinalslobelie (*Lobelia cardinalis*)
- Mädesüß (*Filipendula ulmaria*), siehe Foto links
- Perlfarn (*Onoclea sensibilis*)
- Riesenrhabarber (*Gunnera manicata*)
- Schaublatt (*Rodgersia pinnata*)
- Schlangenknöterich (*Persicaria bistorta*)

Muss ich meinen Sumpfgarten neben dem Teich bauen?

Nein, man muss nicht, aber Sumpfgärten und Teiche ergänzen sich gut. Es ist äußerst attraktiv, über die Wasserfläche eines Teiches eine große Gruppe Sumpfpflanzen zu betrachten, da Wasser und Sumpf sich natürlich ergänzen. Außerdem hilft der Teich beim Feuchthalten von Erde und Luft. Sumpfgärten können auch vom Gartenteich profitieren, wenn dieser so angelegt ist, dass alles überschüssige Wasser direkt in den Sumpfgarten fließt. Aber es ist keine Notwendigkeit, und viele wunderschöne Sumpfgärten existieren ganz ohne Wasser in der Nähe.

Welche Pflanzen kann ich im Sumpfgarten anbauen?

Es gibt viele verschiedene Arten, die sich für den Sumpfgarten eignen. Dazu gehören alle Pflanzen, die auch in der Flachwasserzone von Gartenteichen wachsen. Nicht alle mögen stehendes Wasser, doch die meisten gedeihen in normaler Erde, solange diese immer feucht ist. Die Sumpfdotterblume (*Caltha palustris*) ist ein gutes Beispiel dafür. Die nächste Gruppe umfasst die echten Sumpfpflanzen, beispielsweise Königsfarn (*Osmunda regalis*) und Trollblume (*Trollius europaeus*). Dazu kommen die Arten, die in ganz gewöhnlicher Gartenerde wachsen, solange diese feucht genug ist. Diese Pflanzen brauchen nicht unbedingt einen Sumpfgarten, gedeihen dort aber besonders gut. Dazu gehören Funkien (*Hosta*). Außerdem gibt es einige Bäume und Sträucher, die ebenfalls in feuchter Umgebung gedeihen, beispielsweise Weiden (*Salix spp.*). Diese vier Gruppen bieten eine enorme Auswahl.

Wie pflanze ich Sumpfpflanzen?

Sumpfpflanzen werden wie andere Pflanzen auch direkt in die Erde gesetzt. Graben Sie ein Loch und setzen Sie die Pflanze in die Mitte des Lochs, dabei breiten Sie die Wurzeln ein bisschen aus. Die Pflanze sollte genauso tief sitzen wie zuvor im Topf. Schütten Sie Erde um den Ballen und klopfen Sie die Oberfläche fest.

Bau des Gartenteiches

Material und Geräte

- **Welche Geräte und Maschinen brauche ich für den Bau eines Teiches?**

Das hängt von der Art und Größe des Teiches ab. Folgende Geräte werden in jedem Fall hilfreich sein: Zu Beginn brauchen Sie einen Hammer, Holzpflöcke und eine lange Schnur, mit der Sie die Umrisse des Teiches festlegen. Zum Ausrichten der Beckenränder brauchen Sie ein langes Stück Holz als Messlatte und eine Wasserwaage. Als Nächstes müssen Sie die Grube graben. Für einen kleinen Teich genügt ein Spaten, aber für große Teiche lohnt es sich, einen kleinen Bagger zu mieten (siehe Foto gegenüberliegende Seite). Sie können den Bagger selbst bedienen oder den Fahrer ebenfalls mieten. Die nächste Überlegung ist, wohin das ausgegrabene Erdreich gebracht wird und wie es transportiert wird. Für kleine Mengen reicht zum Transport eine Schubkarre, aber zum Abtransport müssen Sie wahrscheinlich einen Container bestellen.

Eine Schaufel brauchen Sie in jedem Fall zum Wegschaffen lockerer Erde und zum Anrühren von Beton. Ein Rechen ist hilfreich, um den Grund des Teiches zu begradigen und Steine zu entfernen. Wenn Sie Maurerarbeiten machen, brauchen Sie eine Maurerkelle und mehrere Eimer für Zement.

Eine scharfe Schere oder ein scharfes Messer zum Schneiden der Teichfolie und des Teichvlieses benötigen Sie ebenfalls.

Ist es besser, die Geräte zu mieten oder zu kaufen?

Vermutlich haben Sie einige der genannten Geräte ohnehin für den Garten. Wenn Sie ein frisch gebackener Gartenbesitzer sind und noch keinerlei Geräte haben, sollten Sie einiges anschaffen, was Sie immer wieder benutzen werden. Jeder Gärtner braucht Spaten und Rechen. Die meisten Haushalte haben einen Hammer und eine Wasserwaage.

Die große Maschine, die in vielen Fällen gemietet werden muss, ist der Bagger. Hier lohnt sich der Kauf wirklich nur, wenn Sie einen großen Garten haben und einen riesigen Teich planen. Bei Ausverkäufen auf Bauernhöfen können Sie einen günstigen gebrauchten Bagger kaufen, den sie danach wieder verkaufen. Doch für die meisten Objekte ist ein gemieteter Bagger ausreichend.

Manchmal muss beim Bau eines Teiches die Erde verdichtet werden. Dafür sollten Sie ein Spezialgerät mieten, denn per Hand ist das viel zu mühsam. Außerdem ist es sinnvoll, mehrere Schubkarren zu mieten, vor allem, wenn Ihnen Leute beim Bau des Teiches helfen.

Geräte und Ausrüstung

Einige der hier aufgelisteten Geräte brauchen Sie in jedem Fall, egal, wie groß Ihr Teich wird. Geräte, die man nur für den Bau eines großen Teiches benötigt, sind mit einem * markiert.

- Bagger *
- Container *
- Eimer
- Erd-Kompressor *
- Gartenschlauch
- Hammer
- Maurerkelle
- Messlatte
- Mistgabel
- Rechen
- Schaufel
- Schere oder Messer
- Schnur und Holzpflöcke
- Schubkarre
- Spaten
- Wasserwaage

Umrisse markieren und abmessen

Ist es besser, vorab einen Entwurf zu zeichnen?

Es ist immer gut, vor dem Beginn eines Projektes einen Entwurf zu zeichnen. Dafür muss man kein Künstler sein; auch eine grobe Skizze vermittelt eine bessere Vorstellung davon, was man tun möchte und wie man es am besten macht. Der Bau des Teiches wird viel einfacher, wenn Sie von Anfang an richtig vorgehen. Wenn die Grube beispielsweise zu groß geworden ist, ist es schwierig, wieder Erde einzufüllen und diese ausreichend zu pressen, damit sie nicht wegrutscht. Noch schlimmer ist es, wenn der Teichrand nicht rundherum gerade ist und Sie das erst merken, wenn Sie das Wasser eingefüllt haben. Es ist nicht nur schwierig, sondern auch extrem frustrierend, einen Teich auszuleeren, die Folie neu zu verlegen und die Ränder zu korrigieren. Wenn Sie jedoch von Anfang an genau planen, wird der ganze Bau ohne Probleme ablaufen. Schreiben Sie eine Liste mit den benötigten Geräten (siehe Seiten 34-35), damit alles zur Hand ist, wenn Sie es brauchen.

Wie mache ich meinen Entwurf?

Am besten beginnen Sie mit einer relativ detaillierten Skizze des Gartens, auf der Sie alle permanenten Elemente wie Bäume, Hecken, Rasenflächen und Gebäude einzeichnen. Wenn Sie wissen, wo Leitungen durch den Garten verlaufen, zeichnen Sie diese ebenfalls ein. Anschließend zeichnen Sie den geplanten Teich in groben Umrissen auf den Entwurf. Wenn Sie noch nicht wissen, wo der Teich hinkommen soll, machen Sie von der Zeichnung des Gartens mehrere Kopien, so dass Sie den Teich an verschiedenen Stellen auf der Skizze platzieren können. Am besten benutzen Sie kariertes Papier, denn dann können Sie das Gitternetz als Maßstab für eine detailliertere und größere Zeichnung nutzen. Wenn Sie einen regelmäßig geformten Teich möchten, können Sie sich diesen Arbeitsschritt sparen, doch für Teiche mit unregelmäßiger Form kann das Gitternetz sehr hilfreich sein, wenn Sie die Umrisse auf den Boden im Garten übertragen. Die Skizze sollte außer dem Umriss des Teiches auch ungefähre Markierungen für die Tiefenzonen und die Bepflanzung haben.

Wie übertrage ich meinen Entwurf von der Skizze auf die Erde?

Wenn Sie nicht auf einer ganz exakten Wiedergabe der skizzierten Form bestehen, sollte es genügen, zwei Stellen im Garten zu markieren, um die generelle Lage des Teiches festzulegen. Dann können Sie mit dem Gartenschlauch die gewünschten Umrisse auslegen und so lange verändern, bis Ihnen die Form gefällt. Wenn Sie allerdings eine ausgefallene Teichform anstreben und möchten, dass diese akkurat mit dem Entwurf übereinstimmt, empfiehlt es sich, das Gitternetz des Entwurfes mithilfe von Pflöcken und Schnüren auf den Boden zu übertragen. Anschließend können Sie den Gartenschlauch ganz exakt so legen, wie es Ihrem Entwurf auf der Skizze entspricht. Wenn Sie mit den Umrissen zufrieden sind, können Sie entweder außer-

Umrisse auf den Boden zeichnen

Wenn Sie keinen Entwurf auf Papier machen möchten, können Sie auch mit Schnur oder Gartenschlauch experimentieren und verschiedene Formen ausprobieren, bis sie Ihnen gefällt. Sie sollten den Umriss von verschiedenen Stellen im Garten und vom Haus aus betrachten. Vogelsand eignet sich zum Markieren (siehe Foto gegenüberliegende Seite). Wer einen sehr kleinen Teich plant, kann einen alten Spiegel an die geplante Stelle legen und bekommt einen recht guten Eindruck davon, wie das Ganze später aussehen wird.

halb der Markierung eine dünne Rinne graben oder mit Vogelsand in einer Flasche entlanggehen und mit dem Sand die Umrisse markieren. Entfernen Sie Gartenschlauch, Pflöcke und Schnüre und lassen Sie den Umriss auf sich wirken.

Mein Garten liegt am Hang. Wie markiere ich den Gartenteich?

Sie folgen denselben Prinzipien wie bei einem ebenen Garten: Überlegen Sie den gewünschten Umriss und die verschiedenen Tiefenzonen. Wenn es an den Bau geht, müssen Sie entweder an einer Seite in den Hang graben oder an der anderen Seite Erde aufschütten; oftmals muss man sogar beides machen. Folgendes müssen Sie bei unebenem Boden bedenken: Die Form, die Sie am Hang markieren, verändert sich, wenn der Boden eben gemacht worden ist. Daher sollten Sie bei unebenem Grund die Form mit Holzpflöcken abstecken und sich an den oberen Enden der Holzpflöcke orientieren. Zum Verständnis hilft es, wenn Sie einen runden Deckel schief hinlegen und von oben auf ihn blicken. Er sieht oval aus. Dasselbe gilt für den Umriss am Hang – aus einem exakten Kreis wird ein Oval.

Wie kann ich die Umrisse für einen runden Teich markieren?

Stecken Sie einen Pfahl an die Stelle, die später die Mitte des Teiches sein wird. Binden Sie ein Stück Schnur an den Pfahl. Es sollte etwas länger sein als der Radius des Teiches. Binden Sie einen spitzen Stock an das Ende der Schnur. Gehen Sie dann in einem Kreis um den Pflock in der Mitte herum und markieren Sie mit dem spitzen Stock die Umrisse auf der Erde. Statt eines spitzen Stockes können Sie auch eine mit Sand gefüllte Flasche an der Schnur befestigen und mit dem auslaufenden Sand den Umriss auf den Boden zeichnen. Achten Sie darauf, dass die Schnur immer gespannt ist.

Teichgrube ausheben

Wie kann ich sicherstellen, dass der Teichrand rundherum gerade ist?

Stecken Sie einen Pflock als Orientierungspunkt in die Erde. Das obere Ende des Pflocks markiert die Höhe des Teichrandes. Schlagen Sie einen zweiten Pflock in der Nähe des ersten in den Boden. Legen Sie eine Wasserwaage auf die beiden Pflöcke. Verändern Sie die Höhe des zweiten Pflockes, so dass beide genau gleich hoch sind. Schlagen Sie nun rund um den künftigen Teichrand Pflöcke in den Boden und korrigieren Sie deren Höhe mithilfe des vorhergehenden Pflocks und der Wasserwaage. Wenn Sie wieder beim Orientierungspflock angekommen sind, muss dieser mit dem letzten Pflock auf gleicher Höhe sein. Alle Pflöcke sind nun auf der gleichen Höhe, und für den Bau des Teichrandes können Sie sich an ihnen orientieren.

Wie hebt man die Teichgrube am besten aus?

Fangen Sie an den Rändern des Teiches an zu graben, damit die Ausmaße der Grube ganz klar festgelegt sind. Anschließend wird nur innerhalb dieser Fläche gegraben. Tragen Sie die oberste Bodenschicht ab und geben Sie die Erde auf eine Plastikfolie. Dann graben Sie tiefer und geben den Aushub auf ein anderes Stück Folie.

Angleichen der Höhe des Teichrandes

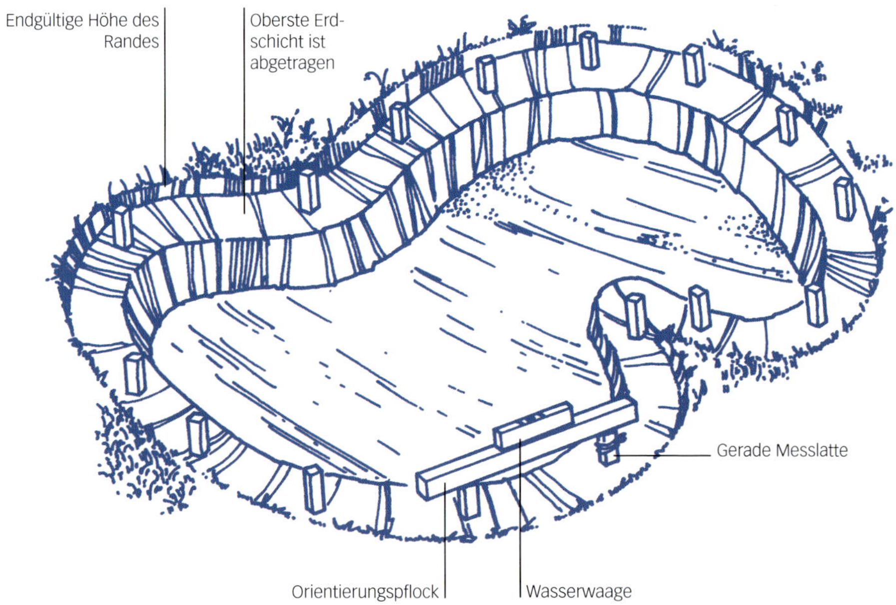

Ränder prüfen

Eine Wasserwaage ist das beste Instrument, um zu prüfen, ob die Ränder des Teiches überall gleich hoch sind. Die meisten Wasserwaagen sind jedoch nicht lang genug, um über den ganzen Teich zu reichen. Verwenden Sie daher ein langes gerades Holzbrett, das von einem Pflock zum nächsten geht und auf das Sie die Wasserwaage legen.

Graben Sie nun die ganze Grube auf die Tiefe der ersten Stufe (künftige Flachwasserzone). Sorgen Sie dafür, dass der Boden eben ist. Stecken Sie den Rand der ersten Stufe mit Pflöcken ab und markieren Sie den Umriss der zweiten Stufe. Heben Sie zwischen den Rändern der ersten und zweiten Stufe rundherum einen Graben aus. Anschließend graben Sie die Erde innerhalb dieser Markierung heraus. Je nach Anzahl der gewünschten Stufen müssen Sie den Vorgang mehrmals wiederholen.

Was mache ich mit der ausgegrabenen Erde?

Sie werden überrascht sein, welch riesige Mengen Erde – auch bei einem kleinen Teich – aus der Grube geholt werden. Meist ist es zu viel, um sie einfach im Garten zu verteilen. Wenn Sie ein bisschen Erde behalten wollen, sollten Sie die obere Schicht aufheben. Der restliche Aushub ist in der Regel für den Garten wertlos und muss weggeschafft werden. Der schnellste, aber auch teuerste Weg ist, einen Container zu bestellen.

Machen Sie nicht den Fehler, die Erde irgendwo im Garten aufzuhäufen in der vagen Hoffnung, sie eines Tages zu brauchen. Sie werden diesen unansehnlichen Haufen wahrscheinlich ewig angucken. Es gibt tatsächlich nicht viele Verwendungsmöglichkeiten dafür. Wenn Sie die Erde nutzen möchten, um aus Hängen im Garten Terrassen zu bauen, sollten Sie diese Arbeit von Anfang an mit einplanen. Die oberste Erdschicht kann man durchaus auf vorhandene Beete verteilen oder für den Bau eines Steingartens verwenden. Letzterer benötigt ebenfalls Planung und Zeit. Überlegen Sie sich vorab, ob Sie den Aushub nutzen können; wenn nicht, schaffen Sie ihn weg.

Grube ausheben

Beim Ausheben der Grube müssen Sie an den Seiten und in der Tiefe Platz zugeben.

- Folienteich: 1 cm
- Vorgeformtes Becken: 5–8 cm
- Betonbecken: 10 cm
- Lehmschlag: 30 cm

Wie groß muss die Grube im Verhältnis zum Teich sein?

Die Größe der Grube hängt von der Art des geplanten Teichs ab und außerdem von der Auskleidung, die Sie verwenden. Wenn Sie mit Teichfolie arbeiten, muss die Grube rundherum etwa 1 cm größer sein als der fertige Teich. In diesem Fall brauchen Sie sich keine Gedanken zu machen, denn 1 cm Unterschied wird man sicher nicht bemerken.

Wenn Sie ein vorgeformtes Becken benutzen, muss die Grube 5–8 cm breiter und tiefer sein als die Außenmaße des Beckens.

Bei einem Teich aus Beton oder Lehmschlag muss die Grube groß genug sein, um ausreichend Platz für die Wände zu bieten. Bei einem Becken aus Beton sollten Sie mindestens 10 cm in der Tiefe und an den Seiten für die Dicke des Betons zugeben. Bei einem Teich aus Lehmschlag brauchen Sie mindestens 30 cm mehr Platz rundherum, wobei 15 cm für den Lehm benötigt werden und 15 cm für eine Erdschicht, die den Lehm schützt und in der Pflanzen wachsen können.

Fertigteiche

Was ist ein Fertigteich?
Fertigteiche sind vorgeformte Becken, die ein bisschen an Badewannen erinnern. Es gibt im Handel eine riesige Auswahl an verschiedenen Formen und Größen, teils schon mit eingebauten Stufen für verschieden tiefe Pflanzzonen (siehe Foto oben). Sie bestehen entweder aus billigem Polyethylen oder glasfaserverstärktem Kunststoff. Letzteres ist das bessere Material. Je billiger und dünner das Becken, umso schlechter die Qualität. Sie sollten nicht am falschen Ende sparen, denn manch billiges Material kann sogar schädlich sein für Pflanzen und Tiere.

Die meisten Fertigteiche sind eher klein und die Form ist natürlich festgelegt. Man sieht in gut sortierten Fachgeschäften immer öfter auch Einheiten, die man zu einem größeren Teich zusammenbauen kann. Es gibt auch vorgeformte Schalen, die man zu einem Bachlauf zusammensetzen kann. Fertigbecken sind meist blau, grau oder schwarz. Die Form ist meistens naturnah und liegt zwischen oval und nierenförmig. Manchmal sieht man auch rechteckige Fertigbecken für formale Teiche.

Wie grabe ich die Grube für ein Fertigbecken mit verschiedenen Stufen?
Bevor Sie anfangen zu markieren und zu graben, kaufen Sie den Fertigteich, damit Sie von den richtigen Maßen ausgehen.
Wenn das Becken eine regelmäßige Form hat, stellen Sie es an die gewünschte Stelle und markieren Sie die Umrisse mit Sand, dem Gartenschlauch oder einer Schnur. Wenn Sie ein unregelmäßig geformtes Becken haben, müssen Sie anders vorgehen. Stellen Sie das Becken an die Stelle, wo Sie den Teich haben möchten. Jetzt können Sie den Standort noch ändern, also betrachten Sie das Ganze in Ruhe und schieben Sie das Becken so lange herum, bis Sie mit der Position zufrieden sind. Legen Sie Steine in das Becken, damit es sich nicht bewegt. Wenn Sie mehrere Stöcke haben, stecken Sie diese in Abständen von 60–90 cm um das Becken herum in die Erde. Legen Sie dann eine Schnur oder

Grube für einen Fertigteich ausheben

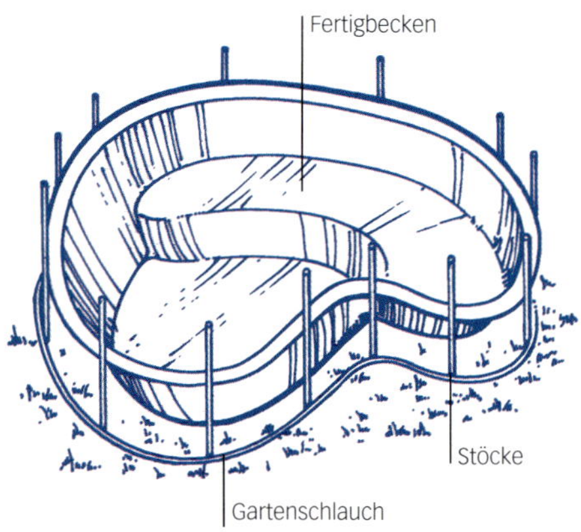

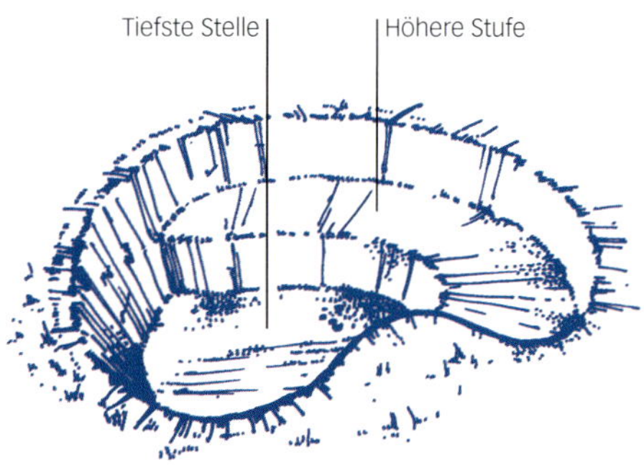

den Gartenschlauch außen um die Stöcke herum. Damit sind die Umrisse des Beckens auf dem Boden markiert (siehe Abbildung unten links).

Wenn Sie keine Stöcke haben, können Sie die Umrisse auch mithilfe eines Senklotes oder Winkeleisens und Sand auf den Boden übertragen.

Stellen Sie das Becken beiseite. Fangen Sie etwa 5–8 cm außerhalb der Markierungen an, die oberste Erdschicht abzutragen. Messen Sie die Tiefe der ersten Stufe des Beckens und graben Sie die ganze Grube bis zu dieser Tiefe aus. Damit haben Sie eine sehr flache, gleichmäßig tiefe Grube. Gehen Sie mit dem Rechen mit etwas Druck über die Oberfläche und stellen Sie dann das Becken in der gewünschten Position in die Grube. Drücken Sie das Becken leicht nach unten, damit sich die Umrisse der nächsten Stufe in der lockeren Erde abzeichnen. Stellen Sie das Becken beiseite und graben Sie die nächste Stufe aus. Geben Sie auch hier an den Rändern und in der Tiefe 5–8 cm zu.

Wie sorge ich dafür, dass der Beckenrand rundherum gerade ist?

Wenn Sie die Grube fertig ausgehoben haben, streuen Sie eine 5–8 cm dicke Schicht Sand oder fein gesiebte Erde auf den Grund der Grube. Stellen Sie das Becken in die Grube. Legen Sie eine Messlatte längs und danach quer über das Becken und prüfen Sie die Position mit einer Wasserwaage (siehe Foto oben). Bis das Becken perfekt horizontal sitzt, müssen Sie es immer wieder herausnehmen und die Sandschicht am Grund angleichen. Achten Sie gleichzeitig darauf, dass der Beckenrand genau unterhalb des Randes der Grube ist. Wenn das Becken perfekt sitzt, halten Sie es gut fest und füllen die Lücken zwischen Becken und Erde etwa 10 cm hoch mit Sand auf. Gießen Sie anschließend etwa 10 cm hoch Wasser in das Becken und prüfen Sie nochmals die Position mit der Wasserwaage. Geben Sie wieder 10 cm Sand in die Lücke, danach 10 cm Wasser in das Becken. Prüfen Sie nochmals die Position des Beckens. Gießen Sie Wasser auf den Sand, damit er sich verdichtet und das Becken festhält.

Ist es schlimm, wenn das Becken nicht perfekt in die Grube passt?

Ja, das kann Probleme verursachen. Wenn sich Luftlöcher um das Becken herum befinden, können Sand oder Erde hineingeraten und dazu führen, dass das Becken an einer Stelle absinkt oder sogar bricht, weil es nicht fest sitzt.

Das Einsetzen des Beckens gehört sicher nicht zu den einfachsten Aufgaben für den Gartenbesitzer. Es macht sich aber bezahlt, jetzt ausreichend Zeit und Geduld zu investieren.

Folienteiche

Was sind Folienteiche und woraus sind sie gemacht?

Folien sind flexibel und können daher für große Flächen, individuelle Formen und in steinigem Gelände verwendet werden. Sie passen sich der ausgehobenen Grube an (siehe Foto unten).

Es gibt verschiedene Folien, die natürlich in Preis und Haltbarkeit variieren. Polyethylenfolie ist am billigsten, geht am schnellsten kaputt und ist nicht sehr flexibel. Sie eignet sich am ehesten für Sumpfgärten, wo sie keinem UV-Licht ausgesetzt ist. Folien aus Butyl-Kautschuk sind am teuersten, aber auch am langlebigsten, womit sich die teurere Anschaffung langfristig bezahlt macht. Dieses Material ist sehr robust und flexibel, und seine Oberfläche ist so beschaffen, dass sie sich gut an die Umgebung anpasst und schon bald nicht mehr zu sehen ist. Durch die extreme Flexibilität lässt sich diese Folie für ganz ausgefallene Formen gut verwenden. Butyl-Kautschuk kann man auch gut reparieren.

Zwischen diesen Extremen gibt es noch PVC-Folie und weiches Polyethylen. PVC ist relativ billig, weiches Polyethylen lässt sich leichter auslegen. Beide sind nicht so hochwertig und leicht zu reparieren wie Butyl-Kautschuk.

Beim Kauf der Folie sollten Sie besser nicht zu sparsam sein.

Wie rechne ich den Bedarf an Folie aus?

Wenn der Teich gerade Seitenwände hat, messen Sie die längste Stelle und geben die zweifache Tiefe des Teiches dazu. Zu diesem Wert addieren Sie 0,6 m für die Randbefestigung. Dieser Wert ist die Länge. Für die Breite messen Sie wiederum die breiteste Stelle des Teiches und geben die zweifache Tiefe dazu. Addieren Sie wieder 0,6 m. Dieser Wert ist die Breite, die Sie benötigen. Sie brauchen also eine rechteckige Folie, bei der Länge x Breite gemessen wird. Wenn die Seitenwände nicht gerade sind, müs-

Berechnung des Folienbedarfs

Wenn Sie Folie für einen unregelmäßig geformten Teich kaufen, messen Sie die längste und breiteste Stelle und rechnen jeweils die doppelte Tiefe dazu. Außerdem brauchen Sie rundherum Folie für die Randbefestigung. Das folgende Rechenbeispiel bezieht sich auf einen unregelmäßig geformten Teich mit einer maximalen Länge von 4 m, einer maximalen Breite von 3 m und einer maximalen Tiefe von 60 cm.

Länge:
Länge + (2 x maximale Tiefe) + 0,6 m
Zugabe = 4 m + 1,2 m + 0,6 m = 5,8 m
Breite:
Breite + (2 x maximale Tiefe) + 0,6 m
Zugabe = 3 m + 1,2 m + 0,6 m = 4,8 m

Verschiedene Teichfolien

	Vorteile	Nachteile
Polyethylen	In verschiedenen Breiten und Dicken erhältlich; billig.	Nur die dickste Folie eignet sich zum Auslegen; wird in UV-Licht schnell hart und bekommt Risse; reißt leicht ein; lässt sich nicht verkleben oder reparieren; hält 3–5 Jahre; keine Garantie vom Hersteller.
PVC	In verschiedenen Dicken und Dichten erhältlich; auch laminiert und verstärkt erhältlich; kann man verkleben und reparieren; hält 15–20 Jahre; je nach Hersteller Garantie; unterschiedlich im Preis.	Sehr dicke und dichte Folien lassen sich nur schwer verlegen.
Weiches Polyethylen	Flexibler als Standard-Polyethylenfolie; reißt kaum; gut zu reparieren; relativ unempfindlich gegenüber UV-Licht; hält 15–30 Jahre; Garantie vom Hersteller für 15–30 Jahre; billiger als Butyl-Kautschuk.	Lässt sich nicht verkleben.
Butyl-Kautschuk	In verschiedenen Dicken erhältlich; sehr elastisch; stärker und leichter formbar als andere Folien; gut zu verkleben und zu reparieren; resistent gegen UV-Licht; hält mindestens 50 Jahre; Herstellergarantie meist bis 20 Jahre oder mehr.	Teuer.

sen Sie die Länge und Breite am oberen Rand des Teiches messen, nicht am Grund. Grundsätzlich braucht man für einen Teich mit schrägen Seitenwänden weniger Folie als für einen mit geraden Wänden, aber wenn der Teich nicht riesengroß ist, ist der Unterschied so gering, dass sich die Rechnerei nicht lohnt. Natürlich werden Sie bei einer unregelmäßigen Form Reste haben, die Sie für eventuelle Reparaturen aufheben sollten.

Wie kann ich vermeiden, dass die Folie beschädigt wird?

Am besten legen Sie auf die vorhandene Sandschicht in der Grube noch ein qualitativ hochwertiges Teichvlies, das die Folie vor spitzen Steinen und Wurzeln schützt. Hier gilt: je dicker, umso besser. Selbst wenn Sie den Grund des Beckens sorgfältig von Steinen befreit haben, kann sich später ein Problem ergeben: Wenn das Becken mit Wasser gefüllt ist, drückt das Gewicht die Folie nach unten und tiefer liegende Steine könnten dann gegen die Folie gepresst werden. Wenn Sie später Steine oder andere spitze Gegenstände in den Teich legen wollen, müssen Sie zwischen den Steinen und der Folie ebenfalls ein Schutzvlies auslegen.

Meistens wird Teichfolie allerdings dadurch beschädigt, dass spitze Gegenstände wie ein Rechen oder Ähnliches unvorsichtig benutzt wurden. Seien Sie also bei der Gartenarbeit in Teichnähe ganz besonders vorsichtig.

Verwenden eines Schutzvlieses

Brauche ich für einen Folienteich eine schützende Unterlage?

Unbedingt! Das Hauptproblem mit Folie ist, dass sie trotz aller Vorsicht irgendwann Löcher bekommt. Wenn Sie den Teich reinigen oder Pflanzen ersetzen, kann es passieren, dass Sie einen Riss in die Folie machen. Das lässt sich nicht immer vermeiden, doch Sie können mit einer Schutzunterlage zumindest verhindern, dass die Folie von unten Löcher bekommt. Sicher haben Sie beim Säubern der Grube sorgfältig jeden spitzen Stein und jede Wurzel entfernt. Doch wenn der Teich mit Wasser gefüllt ist, senkt er sich durch das Gewicht und kann damit wieder gefährlich nahe an spitze Gegenstände im Boden kommen.

Wenn Sie die Grube vor dem Auslegen der Folie mit einem gepolsterten Schutzvlies auskleiden, wird sie auch von unten geschützt. Es ist falsche Sparsamkeit, auf diese Schutzschicht zu verzichten. Auch wenn der Boden weich und sauber scheint – es kann immer ein spitzer Gegenstand in tieferen Erdschichten sein, der durch den Druck des Gewichtes auf die Folie trifft. Sie bekommen Teichvlies im Fachhandel.

Welche Unterlage eignet sich am besten für meinen Teich?

Es gibt Unterlagen aus verschiedenem Material. Am verbreitetsten und einfachsten sind nicht gewebte Stoffe, die man im Gartengeschäft oder bei speziellen Herstellern für Teiche bekommt. Viele Spezialisten bieten Schutzfliese von der Rolle an, die aus verschiedenen Fasern bestehen und äußerst stabil sind. Alle diese Unterlagen sind relativ günstig und passen sich jeglicher Form an. Am besten kaufen Sie die Unterlage zusammen mit der Folie und lassen sich im Fachhandel beraten.

Die Schutzvliese haben traditionelle Methoden abgelöst. Aber natürlich kann man auch anders vorgehen und eine etwa 5 cm dicke Schicht feuchten Bausand rundherum in der Grube verteilen (auch an den Seiten). Das Problem ist, dass der Sand leicht von den Seitenwänden und aus den Ecken fällt, wenn man die Folie verlegt.

Die billigste Methode ist, die Grube rundherum mit feuchtem Zeitungspapier auszulegen. Auch hier kann es passieren, dass das Papier verrutscht, wenn man die Folie darüber legt. Eine kleine Lücke und ein einziger spitzer Stein an dieser Stelle genügen, um das ganze Projekt zu zerstören. Außerdem verrottet Papier im Laufe der Zeit und damit verringert sich auch die Schutzwirkung.

Eine andere Möglichkeit sind alte Teppichunterlagen, doch auch diese bekommen leicht Löcher. Selbst ein alter Teppich kann verwendet werden, aber Teppiche sind meist nicht flexibel genug, um in den Ecken verlegt zu werden. Sand, Zeitungspapier und alte Teppiche mögen billig oder sogar kostenlos sein, aber die Schutzvliese, die für den Zweck entwickelt wurden, sind auf alle Fälle besser.

Wie kleide ich die Grube mit der Unterlage aus?

Wenn Sie eine flexible Stoffunterlage benutzen, berechnen Sie die Größe nach der gleichen Formel, wie Sie die Größe der Teichfolie errechnet haben (siehe Seiten 42–43). Entfernen Sie alle Steine und spitze Gegenstände aus der Grube. Ziehen Sie die Unterlage über den Rand der Grube in die Mitte und streichen Sie sie an unebenen Stellen und in Ecken glatt. Die Unterlage muss – wie die Folie auch – über den Teichrand hinaus reichen (siehe Foto unten) und später ebenso versteckt werden (siehe Seiten 46–47).

Wenn Sie die Grube mit einer Unterlage aus Sand auskleiden, müssen Sie eine etwa 5 cm dicke Schicht in der ganzen Grube verteilen. Der Sand sollte feucht sein, damit er an den Seitenwänden und in den Ecken kleben bleibt. Sie können die Ecken auch mit feuchtem Zeitungspapier auslegen, das sich leichter über die Kanten ziehen lässt.

Verlegen der Teichfolie

Folie entfalten
Wenn Sie einen kleinen Teich bauen und genug Platz im Garten haben, sollten Sie die Folie entfalten und auf dem Rasen auslegen. Lassen Sie sie von der Sonne anwärmen, dann ist sie flexibler. Wenn Sie Folie für einen großen Teich bestellt haben, sollten Sie den Anleitungen des Herstellers zum Entfalten folgen. Je nachdem, wie die Folie vorab gefaltet worden ist, kann es sein, dass sie an einem Ende des Teiches entfaltet wird oder aber von der Mitte aus.

● **Wie verlege ich die Folie in der Grube?** Dies ist mit Sicherheit einer der aufregendsten Momente beim Bau eines Teiches, aber auch einer der kritischsten, denn wenn jetzt etwas schief geht, müssen Sie praktisch von vorne anfangen.

Breiten Sie die Folie über der Teichgrube aus uns ziehen Sie sie in die Länge, so weit es geht. Die Folie sollte mittig über der Grube liegen, damit später an allen Teichrändern etwa gleich viel Überschuss ist. Legen Sie Ziegelsteine auf den äußeren Rand der Teichfolie, am besten mit reichlich Zeitungspapier darunter, damit die Folie nicht einreißt. Die Folie wird jetzt ein bisschen nach unten in die Grube sinken. Legen Sie den Gartenschlauch in diese Senke und füllen Sie langsam Wasser ein. Je mehr Wasser Sie einfüllen, umso mehr wird die Folie langsam von den Rändern her nach unten gezogen. Durch

Anlegen eines Folienteiches

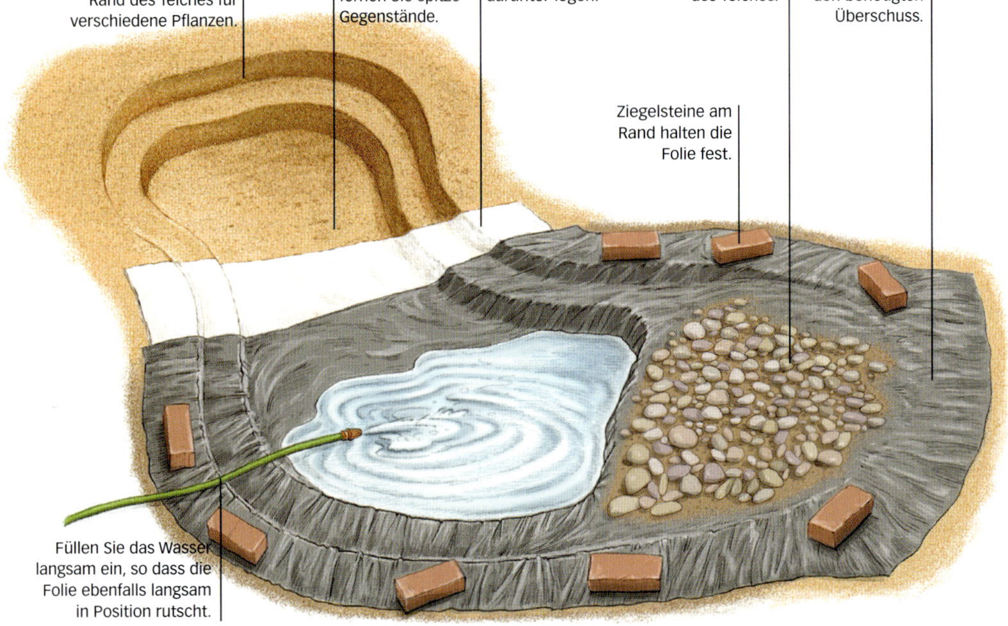

das Gewicht der Ziegelsteine am Rand sollte die Folie ganz langsam in das Becken sinken.

Die Folie unter Wasser wird sich der Form des Beckens automatisch anpassen. Wenn Sie Folie aus Butyl-Kautschuk verwenden, müsste diese ohne jegliche Faltenbildung in das Becken sinken. Bei den anderen Folienarten müssen Sie, während das Wasser einläuft, entstehende Knicke mit der Hand glatt streichen. Wenn die Folie korrekt ausgelegt worden ist, müsste rundherum ein Rand von etwa 30 cm über den Teichrand hinausstehen.

- **Was mache ich mit der überstehenden Teichfolie?**

Überschüssige Folie und überstehendes Teichvlies müssen abgedeckt werden. Hier gibt es verschiedene Möglichkeiten. Die einfachste ist, die Folie über dem Rand des Teiches glatt zu streichen und Steinplatten darauf zu legen, so dass man sie nicht mehr sieht (siehe Foto rechts). Wenn Sie einen weicheren, natürlichen Rand für den Teich möchten, graben Sie rund um den Teichrand in etwa 15 cm Entfernung einen schmalen Graben und stecken die Folie und das Vlies dort hinein. Dann wird die ausgehobene Erde wieder aufgefüllt. Das Ufer können Sie anschließend mit Gras bepflanzen oder mit Fliesen belegen. Wenn sehr viel Folie über den Rand hinausragt, können Sie um den Teich herum einen Sumpfgarten kreieren, der später mit besonderen Sumpfpflanzen bepflanzt wird. Graben Sie hierfür einen etwa 60 cm breiten und 30 cm tiefen Graben rund um den Teich. Legen Sie den Graben mit der überschüssigen Folie aus. Befestigen Sie die Ränder der Folie am Rand des Grabens mit Steinen. Füllen Sie den ausgekleideten Graben wieder mit Erde auf.

- **Was kann ich tun, damit man die Folie oberhalb des Wassers am Teichrand nicht sieht?**

Das Problem ist nicht ganz einfach zu lösen, denn meist ist die Folie zu sehen, wenn sie Falten hat. Diese lassen sich kaum mehr glatt streichen, wenn der Teich voller Wasser ist.

Eine Möglichkeit ist, dass man um den Teichrand Fliesen legt, die etwas über den Rand ins Teichbecken ragen, so dass man die Folie nicht mehr sieht. Die Steine müssen aber unbedingt einzementiert werden, damit sie nicht umkippen, wenn jemand darauf tritt.

Ein andere Möglichkeit ist, überhängende Pflanzen am Rand des Teiches anzupflanzen, die die Folienränder verbergen. Weitere Möglichkeiten zur Gestaltung des Ufers finden Sie auf den Seiten 56-59.

Reparaturen

Heben Sie Folienreste unbedingt auf. Sie werden sie möglicherweise für Reparaturen brauchen, wenn die Folie ein Loch oder einen Riss hat.

Anlegen eines Sumpfgartens

● Wie lege ich einen Sumpfgarten an?
Der einfachste Sumpfgarten besteht aus einem Beet im Garten mit ständig feuchter Erde. Doch es genügt leider nicht, die Erde mit Humus zu mischen, denn diese Mischung speichert nicht genug Feuchtigkeit für einen Sumpfgarten. Am besten hebt man ein Beet aus, kleidet es mit Teichfolie aus, legt Pflastersteine und Kiesel darauf und füllt die Grube mit einer Mischung aus Erde und verrottetem organischem Material auf. Manche Sumpfpflanzen machen sich nichts aus stehendem Wasser, doch die meisten mögen es lediglich feucht, nicht nass an den Wurzeln. Daher empfiehlt es sich, die Teichfolie mit einer Heugabel mehrmals einzustechen, so dass Wasser abfließen kann. Bei Trockenheit kann man das Beet mithilfe des Gartenschlauches feucht halten. Sie können auch einen Gartenschlauch mit vielen Löchern in der Erde vergraben und ihn an einen Wasserhahn im Garten anschließen, den Sie nach Belieben anschalten (siehe Abbildung unten).

● Wie kann ich direkt neben meinem Teich einen Sumpfgarten anlegen?
Am besten ist es, wenn Sie Teich und Sumpfgarten zusammen anlegen. Sie brauchen nur auf einer Seite den Teichrand geringfügig niedriger zu legen als auf der anderen Seite, und jegliches überschüssiges Wasser fließt vom Teich direkt in den Sumpfgarten. Die Trennungsmauer zwischen Teich und Sumpfgarten sollte nur ein kleines bisschen über dem Wasserspiegel des Teiches liegen, denn dann braucht man wirklich

Aufbau eines Sumpfgartens

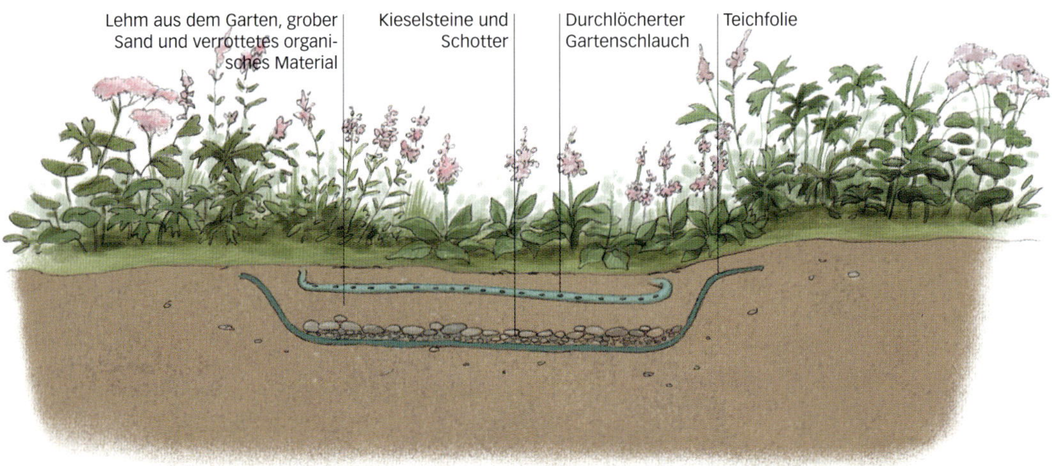

nur ganz wenig extra Wasser, um auch den Sumpfgarten zu versorgen.

Wenn Sie am Ufer Pflanzen haben möchten, die normalerweise im Flachwasser des Teiches wachsen, kann die Trennungsmauer sogar noch ein bisschen niedriger sein, so dass der Wasserspiegel geringfügig unterhalb der Oberfläche der Erde ist. Das Anlegen des Sumpfgartens funktioniert genauso wie auf der gegenüberliegenden Seite beschrieben – mit dem einen Unterschied, dass Sie keine Löcher in die Teichfolie machen müssen.

Kann ich normale Erde aus meinem Garten für den Sumpfgarten verwenden?

Wahrscheinlich werden Sie damit kein Glück haben. Die Erde im Sumpfgarten muss besonders gut Wasser speichern und sollte einen säureneutralen pH-Wert haben. Man kann auf kalkigem Boden einen Sumpfgarten anlegen, aber dort sind die Möglichkeiten der Bepflanzung geringer.

Sie können selbst Erde mischen, die gut Wasser speichert: Vermischen Sie qualitativ hochwertigen Lehm aus dem Garten mit dem gleichen Teil Fasermaterial. Dann mischen Sie einen Teil groben Sand darunter. Das Fasermaterial speichert Wasser für die Versorgung der Pflanzen, während der grobe Sand dafür sorgt, dass zu große Mengen Wasser abfließen können. Gutes Fasermaterial sind beispielsweise alte Blätter. Sie sollten diese nur verwenden, wenn sie aus dem eigenen Garten sind; holen Sie die Blätter bitte nicht aus dem Wald, damit schädigen Sie die Umwelt. Sie können auch Kompost nehmen, wenn er sehr gut verrottet ist. Eine andere Möglichkeit ist natürlicher Dünger vom Bauernhof; dieser kann allerdings zu reichhaltig sein, wenn er nicht ausreichend bewässert wird. Zerkleinerte Stängel von alten Kräuterpflanzen und anderen Büschen eignen sich ebenfalls, wenn sie verrottet sind. Verwenden Sie keinen Torf. Torf ist nicht nur fragwürdig in Bezug auf seine Umweltfreundlichkeit, er verrottet auch extrem schnell und müsste in einem Sumpfgarten laufend ersetzt werden.

Lage am Hang

Wenn Ihr Garten einen Hang hat, der in einer Senke endet, die ohnehin immer feucht ist, könnten Sie dort relativ einfach einen Sumpfgarten anlegen. Wenn die Senke zu feucht ist, können Sie ein bis zwei Weiden pflanzen, die wie Schwämme das Wasser aus dem Boden saugen.

Die richtige Erde für Sumpfgärten

Die Erde im Sumpfgarten sollte eine Mischung aus qualitativ hochwertigem Lehm und einem Fasermaterial sein, beispielsweise alte Blätter oder gut verrotteter Kompost. Es empfiehlt sich, dem Ganzen groben Sand beizumischen, denn dadurch kann überschüssige Flüssigkeit abfließen, während das Fasermaterial ausreichend Wasser für die Versorgung der Pflanzen speichert. Orientieren Sie sich in etwa an diesen Mengenangaben:
zwei Teile Lehm – zwei Teile Fasermaterial – ein Teil grober Sand.

Muss ein Sumpfgarten sonnig oder schattig liegen?

Wenn möglich, bauen Sie den Sumpfgarten in der Sonne. Auch wenn das bedeutet, dass er schneller austrocknet, können Sie auf der anderen Seite viel mehr verschiedene Pflanzen dort anpflanzen. Viele Sumpfpflanzen, unter anderem Funkien, gedeihen auch in normalen Blumenbeeten, solange diese feucht gehalten werden. Meistens legt man solche Beete im Schatten an, weil im normalen Garten einfach nicht genug Feuchtigkeit wäre, um die Sonneneinstrahlung auszugleichen. Doch der Sumpfgarten ist anders und bietet genug Feuchtigkeit; daher vertragen die dort wachsenden Pflanzen auch mehr Sonne.

Lehmteiche

Ich möchte einen vollkommen natürlichen Teich. Womit kann ich ihn bauen?

Auf dem Land und auf Bauernhöfen sieht man oft natürliche Teiche (siehe Foto gegenüberliegende Seite). Für die meisten dieser Teiche wurde einfach eine Grube in den lehmigen Boden gegraben. Wenn der Boden aus 100 % Lehm bestand, schickte man anschließend eine Schafherde in die Grube, die so lange auf dem Lehm herumlief, bis er völlig abgedichtet war und kein Wasser mehr durchsickerte. Wer nicht so viel Glück hatte, sondern mit poröser oder steiniger Erde arbeiten musste, holte sich Lehm von woanders und kleidete die Grube rundherum mit Lehm aus. Anschließend wurde sie wieder zu Lehmschlag „getrampelt".

Diese Methode funktioniert noch immer, aber natürlich kann man es sich heute dank moderner Technik leichter machen. Es gibt im Fachhandel Matten zu kaufen, die mit einer auf Lehm basierenden Substanz durchtränkt sind. Diese Matten werden in der Teichgrube ausgelegt. Sobald sie sich mit Wasser vollgesogen haben, expandiert die lehmige Substanz zu einer undurchdringlichen Schicht. Am besten gibt man auf diese lehmige Schicht eine dicke Schicht Erde, damit die Wurzeln der später eingesetzten Wasserpflanzen die Matten nicht durchdringen und ein Leck verursachen.

Ursprünglich gab es diese Form der Abdichtung in Form von Körnchen, die man unter die Erde am Teichboden und an den Seiten arbeitete. Man bekommt die Granulate immer noch, aber die durchtränkten Matten sind viel einfacher zu handhaben und sorgen für eine vollkommen undurchlässige Schicht. Dieses Prinzip funktioniert aber nicht auf kalkigen Böden.

Einen natürlichen Teich ausheben

Wenn Sie die Grube für den Lehmteich ausheben, müssen Sie daran denken, dass sie groß genug ist, um eine dicke Schicht Lehm und eine dicke Schicht Erde aufzunehmen. Sie sollten mindestens 30 cm zu allen Maßen dazugeben. Übrigens eignen sich schräge Wände besser, da man sie leichter mit Erde belegen kann als gerade Wände.

Wie mache ich aus Lehm Lehmschlag?

Bevor Sie damit anfangen, müssen Sie sich im Klaren sein, dass dies eine extrem anstrengende und mühsame Arbeit ist. Am besten verteilt man eine 10–20 cm dicke Schicht Lehm auf allen Oberflächen der ausgehobenen Grube. Der Lehm muss feucht und geschmeidig sein und darf keine Steine enthalten.

Arbeiten Sie sich Stück für Stück durch die Grube. Wenn Sie mehr als einen Tag brauchen, müssen Sie den feuchten Lehm über Nacht mit feuchten Säcken oder Plastikfolie zudecken, damit er nicht austrocknet. Klatschen Sie den Lehm an die Wände und den Boden und bearbeiten Sie ihn dann kräftig mit den Fäusten, bis er eine feste glatte Oberfläche hat (Kinder helfen hier besonders gerne!). Wenn Sie einen großen Teich haben, sollten Sie sich allerdings eine spezielle Rolle ausleihen, die Ihre Arbeit erheblich erleichtert.

Wenn der Lehm den Boden und die Wände der Grube komplett bedeckt, geben Sie eine 10–20 cm dicke Schicht Erde darauf. Füllen Sie Wasser in den Teich. Lassen Sie die Schichten nicht austrocknen.

Schutz der Lehmschicht

Um zu verhindern, dass sich Würmer und andere Tiere durch den Lehm graben, sollten Sie die Grube mit Ruß ausstreuen, bevor Sie den Lehm auftragen. Auch Wurzeln könnten den Lehm beschädigen, daher sollten Wasserpflanzen mit stark wachsenden Wurzeln in Behältern eingesetzt werden. Legen Sie einen Lehmteich nicht nahe bei Bäumen und Sträuchern an und pflanzen Sie keine Bäume und Sträucher in der Nähe; die Wurzeln könnten durch die Lehmschicht wachsen.

Was kann ich tun, wenn ich keinen Lehm im Garten habe?

Erkundigen Sie sich, ob Sie in der Nähe Lehm kaufen können. Vergewissern Sie sich, dass der Lehm qualitativ in Ordnung ist, denn manchmal bekommt man lediglich lehmhaltige Erde, die voller Wurzeln, Steine und anderem Abfall ist und absolut unbrauchbar, um einen Teich abzudichten. Manchmal ist der Lehm zu trocken. Wenn das der Fall ist, müssen Sie ihn komplett trocknen lassen, dann in kleine Portionen brechen und diese wässern, bis eine klebrige Masse entstanden ist, die man verarbeiten kann.

Wenn Sie keinen Lehm im Garten haben, ist es besser und einfacher, die oben beschriebenen Matten mit der auf Lehm basierenden Substanz zu verwenden.

Betonteiche

Baut man heute noch Teiche aus Beton?

Auch wenn sie nicht mehr so verbreitet sind wie früher, gibt es heute immer noch Teichbecken aus Beton, wobei sich Beton vor allem für formale Teiche mit regelmäßigen Formen eignet.

Früher bestand nur die Wahl zwischen einem Teich aus Lehmschlag oder Beton (oder einem Teich aus Ziegelsteinen, der mit Zement oder Beton abgedichtet wurde); die meisten Zierbrunnen bestanden zum Teil aus Beton. Heute gibt es Abdichtungen aus Plastik und Kautschuk, die nicht nur viel billiger sind als Beton, sondern auch flexibler, häufig langlebiger und leichter zu verwenden. Doch es gibt nach wie vor gute Gründe für einen Betonteich: Das Material eignet sich, wie schon gesagt, für formale Teiche, da es zeitlos, sauber und elegant ist. Außerdem sieht ein Betonbecken, das über den Boden hinausragt, durchaus sehr gut aus (siehe Foto oben), während die meisten modernen Materialien hässlich aussehen und unter gestalteten Ufern versteckt werden müssen. Und ein korrekt gebauter Betonteich wird alle anderen Teiche überleben – solange der Untergrund sich nicht bewegt und der Beton Risse bekommt (siehe Seite 137).

Wie dick muss die Betonschicht sein und wie groß muss die Grube sein?

Die Betonschicht, die einen Teich abdichtet, sollte mindestens 10 cm dick sein. Wenn der Teich auf weichem Grund gebaut wird, muss unterhalb des Teichbodens und unter allen Tiefenstufen zusätzlich eine Schicht Schotter, mit einer Schicht Sand gemischt, eingezogen werden. Diese Schicht sollte mindestens 15 cm dick sein. Darauf kommen 10 cm Beton. Daher muss die Grube 25 cm tiefer sein und rundherum 10 cm größer als der fertige Teich.

Wie sorge ich dafür, dass die Betonschicht gleichmäßig dick ist?

Am besten, Sie bauen ein Gerüst aus Sperrholz in die Grube. Der Beton wird zwischen das Gerüst und die Wände gegossen. Da Beton meist für regelmäßig geformte Teiche verwendet wird, ist das Gerüst ziemlich unkompliziert.

Zuerst wird die Grube mit Plastikfolie ausgelegt, damit keine Erde hineinfällt und sich mit dem Beton mischt. Der Beton wird auf den Boden den Teiches gegossen und sollte etwas fest werden. Anschließend errichtet man ein Gerüst aus Sperrholz innerhalb der vertikalen Flächen 10 cm vom Rand der Grube entfernt. Das Gerüst wird mit Wasser angefeuchtet, damit der Beton nicht kleben bleibt. Gehalten wird das

Gerüst für den Bau eines Betonteiches

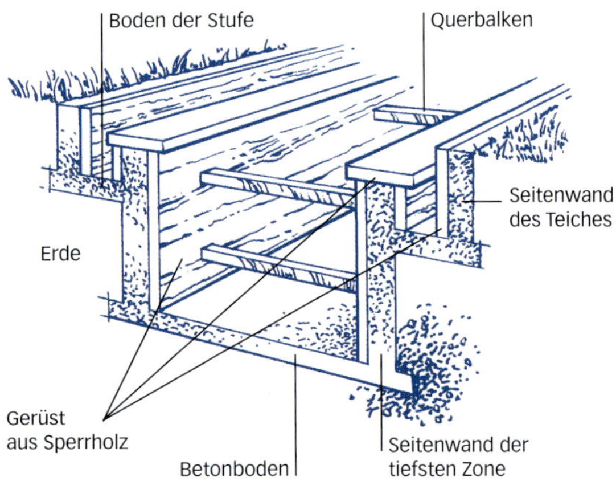

Gerüst durch hölzernde Querbalken, die über den ganzen Teich verlaufen (siehe Abbildung unten). Diese müssen so fest sitzen, dass das Holz sich nicht bewegt. Jetzt gießt man Beton zwischen die Plastikfolie und das Gerüst und schlägt mit einem Stock auf den Beton, damit keine Luftlöcher entstehen. Wenn der Beton etwas fest geworden ist, kann man das Gerüst entfernen. Wenn der Beton komplett getrocknet ist, sollten Sie eine Schicht wasserabweisendes Dichtungsmittel auftragen.

Wie kann ich Stufen in einen Betonteich bauen?

Wenn Sie den Teich bepflanzen möchten, brauchen Sie verschiedene Stufen, um Tiefenzonen zu kreieren. Die Stufen werden nacheinander errichtet. Der Boden und die tiefste Stufe werden gebaut wie oben beschrieben. Die Stufen werden anschließend genauso gebaut wie der Grund des Teiches. Wenn die Basis der ersten Stufe fertig ist, wird mithilfe des Gerüstes die nächste Wand gebaut. Wenn Sie unsicher sind, ob Sie diese Arbeit alleine schaffen, holen Sie sich Hilfe vom Fachmann.

Muss der Beton verstärkt werden?

Wenn der Teich sehr groß ist oder aber der Untergrund weich, empfiehlt es sich, den Beton zu armieren (verstärken). Füllen Sie den Grund des Beckens mit der Hälfte des Betons. Geben Sie darauf ein verstärktes Metallnetz und darauf die zweite Hälfte des Betons. Biegen Sie das Metallnetz an den Kanten nach oben, damit es an den Metallnetzen für die Wände befestigt werden kann.

Für die meisten Teiche genügt es, lediglich Ecken und Stufen zu armieren, weil dort der Druck am stärksten ist. Verteilen Sie L-förmige Eisenstangen entlang der Ränder des betonierten Bodens, so dass sie bis in die Wände reichen. Wenn Sie mehrere Stufen (Tiefenzonen) im Teich haben, legen Sie die Stangen dorthin, wo die Wände und die Stufen aufeinander treffen.

Wie mische ich Beton?

Wenn Sie einen großen Teich bauen, ist es am besten, fertig gemischten Beton zu kaufen. Der einzige Nachteil ist, dass Sie sofort den Beton verarbeiten müssen, wenn er angeliefert wird.

Wenn Sie den Beton selbst mischen, können Sie dann arbeiten, wann es Ihnen am besten passt. Bedenken Sie aber, dass das Mischen mit der Hand sehr mühsam ist. Es lohnt sich, einen Betonmischer zu mieten. Sie brauchen eine Mischung von 1 Teil Zement und 5 Teilen Zuschlagstoffen (darin sind Sand und Steine enthalten). Wenn Sie auch die Zuschlagstoffe selbst anrühren wollen, brauchen Sie 1 Teil Zement, 2 Teile groben Sand und 3 Teile Kies. Sie können zu der Mischung noch einen wasserdichten Zusatz geben, den Sie im Baumarkt bekommen. Mischen Sie ausreichend Wasser unter, damit man gut mit der Masse arbeiten kann.

Ist Beton tatsächlich wasserdicht?

Beton ist ziemlich wasserdicht, aber nicht 100 %. Die fertige Oberfläche kann noch mit einer dünnen Schicht Mörtel bestrichen werden, der mit speziellen Fasern gemischt wurde. Diese Fasern stärken den Mörtel und sorgen dafür, dass er kleine Bewegungen im Boden aushält. Man kann den trockenen Beton auch versiegeln, was den Vorteil hat, dass kein Wasser aus dem Teich nach außen gelangt und kein Kalk oder Salz vom Beton ins Wasser gerät.

Betonmischung

Mischen Sie selbst Beton aus folgenden Zutaten:

1 Teil Zement
5 Teile Zuschlagstoffe
oder
1 Teil Zement
2 Teile grober Sand
3 Teile Kies oder kleine Steine

Wasser einfüllen und nachfüllen

- **Ist Regenwasser oder Wasser aus dem Hahn besser für die erste Füllung des Teiches?**

Regenwasser ist mit Abstand am besten, denn erstens kostet es nichts, zweitens enthält es keine Chemikalien und drittens hat es in der Regel genau die richtige Temperatur. Wasser aus dem Hahn ist mit Chlor, Fluor und meist noch anderen Chemikalien versetzt, die es zu trinkbarem Wasser machen. Außerdem ist es häufig sehr kalt. Natürlich ist es kein Problem, den Teich gelegentlich mit etwas Wasser aus dem Hahn nachzufüllen, vor allem an heißen Sommertagen (siehe Foto gegenüberliegende Seite). Wenn Sie aber für die erste Füllung kaltes Wasser aus dem Hahn verwenden, lassen Sie es einige Tage im Becken anwärmen, bevor Sie Pflanzen und Tiere im Teich einsetzen. Auch die Chemikalien lösen sich langsam auf.

- **Wie kann ich sicherstellen, dass immer genug Wasser im Teich ist?**

Am besten ist es, überschüssiges Wasser vom Hausdach und Schuppendächern direkt in den Teich zu leiten. Es mag zunächst lästig sein, die notwendigen Rohre zu verlegen, doch auf lange Sicht sparen Sie eine Menge Geld. Eine andere Möglichkeit ist, den Gartenschlauch am nächstgelegenen Wasserhahn anzuschließen.

In manchen Teichen, vor allem wenn Sie einen Springbrunnen im Teich haben, verdunstet das Wasser besonders schnell. Hier kann es sich lohnen, eine Verbindung zum Haupthahn zu haben. Das heißt nicht, dass ständig Wasser vom Hahn in den Teich fließt; es gibt ein Ventil in einem Reservoir, ähnlich dem Wasserbehälter in der Toilette, durch das das Wasser automatisch angeschaltet wird, wenn es unter ein bestimmtes Niveau gefallen ist. Für solche Teiche empfiehlt es sich, keine Rückschlagventile einzubauen. Diese Arbeiten sollten Sie einem Klempner überlassen; erkundigen Sie sich außerdem bei den Stadtwerken, ob Sie eine Genehmigung brauchen.

- **Was passiert mit überschüssigem Wasser?**

Wenn der Teich üblicherweise mit dem Gartenschlauch von einem Wasserhahn aufgefüllt wird, dürfte es sehr unwahrscheinlich sein, dass er jemals überläuft. Die normale Wasserhöhe befindet sich einige Zentimeter unterhalb des Teichrandes, und eine normale Menge Regenwasser

Teich mit Überlaufbehälter

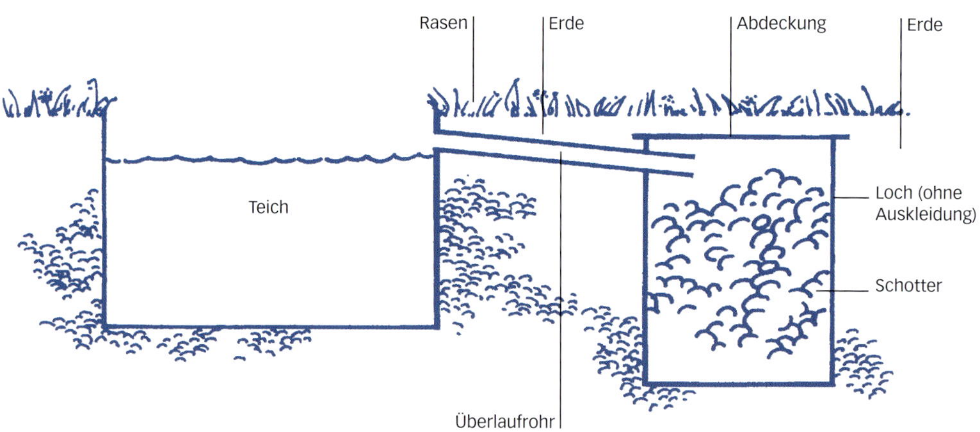

findet immer Platz. Doch wenn das Wasser von Dächern umgeleitet wird, kann es bei sehr starkem Regen dazu kommen, dass der Teich überläuft. Manche Gartenbesitzer lassen das überschüssige Wasser einfach in der Teichumgebung versickern. Doch man kann auch ein Überlaufrohr bauen, das überschüssiges Wasser zu einem nahe gelegenen Wassergraben, in die Kanalisation oder in einen speziell für diesen Zweck angelegten Überlaufbehälter leitet.

Bei diesem Überlaufbehälter handelt es sich um ein etwa 1 Kubikmeter großes Loch in der Erde, das mit sauberem Schotter gefüllt ist. Dieser wird mit einem speziellen Stoff abgedeckt, darauf kommt eine Schicht Erde, so dass man den Behälter gar nicht sieht. Das Wasser fließt vom Teich in den Behälter und sickert von dort ganz langsam in das sich rundum befindliche Erdreich.

Gepflasterte Teichränder

Ich habe einen formalen Garten. Wie soll ich den Teichrand gestalten?

Wenn der Teich auf gleicher Höhe mit seiner Umgebung ist und diese aus Kies besteht, fassen Sie den Teichrand am besten mit Steinplatten oder Ziegelsteinen ein (siehe Foto gegenüberliegende Seite). Beide sorgen dafür, dass einerseits die Ränder der Folie verborgen sind und andererseits nicht ständig Kies in den Teich fällt. Wenn der Teich innerhalb einer gepflasterten Umgebung liegt, sollten Sie die Platten für den Rand so verlegen, dass sie ein bisschen über die Wasseroberfläche ragen, dann sehen Sie mit Sicherheit nichts mehr von der Teichfolie.

Aus Sicherheitsgründen empfiehlt es sich, den Teich bzw. seinen Rand etwas hervorzuheben, beispielsweise indem man ein anderes oder andersfarbiges Material für die Pflasterung um den Teichrand verwendet, als in der nächsten Umgebung verlegt worden ist. Wenn der Teich beispielsweise in eine ebene Ziegelsteinterrasse eingelegt ist, kann man die Steine für die Randbefestigung hoch stehend einbauen. Oder Sie wählen Pflastersteine aus, die mit den Ziegelsteinen einen schönen Kontrast bilden.

Wenn der Teich über dem Niveau des Bodens liegt, ist es meist besser, den Rand mit großen Pflastersteinen zu gestalten, die sowohl die Folie als auch die gemauerten Wände geschickt verbergen und außerdem einen schönen Sitzplatz ergeben.

Wie baue ich einen stabilen Rand um meinen Teich?

Die einfachste Methode für einen stabilen Teichrand ist das Verlegen von Steinfliesen (siehe Foto links). Wenn der Teich innerhalb der Terrasse liegt, ist das sicher die nahe liegende Lösung, aber sie funktioniert auch im Garten im Kies oder im Gras.

Man kann Steinfliesen kaufen, die an einer Seite schmaler sind und somit perfekt auch um runde Teiche passen. Sie können aber auch rechteckige Fliesen verwenden und die Zwischenräume mit Zement ausfüllen. Es ist wichtig, dass jede einzelne Fliese absolut fest sitzt – für Ihre eigene Sicherheit. Am besten geht das, indem man die Fliesen auf eine Unterlage aus Zement oder Beton gibt. Die Betonschicht muss ganz gleichmäßig über den Rändern der Folie

Ein stabiler Teichrand

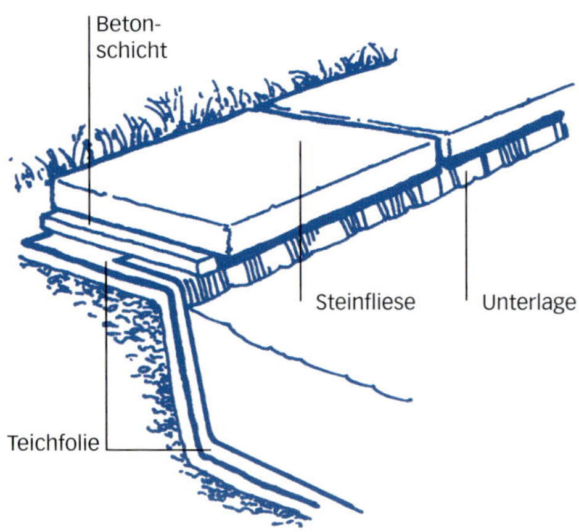

liegen, und die Fliesen legt man dann darauf. Prüfen Sie jede Fliese mit der Wasserwaage. Möglicherweise müssen Sie an manchen Stellen Zement dazugeben oder entfernen, damit die Fliesen ganz gerade liegen.

- **Die Steinplatten bewegen sich, wenn man darauf tritt. Was habe ich falsch gemacht?**

Wahrscheinlich wurden die Platten nicht korrekt verlegt und haben sich deshalb aus dem Untergrund gelöst. Entfernen Sie alle Platten vom Teichrand. Heben Sie dann rund um den Teich einen schmalen Graben aus, den Sie mit Beton füllen. Legen Sie die Platten auf den Beton und prüfen Sie jede einzelne Platte mit der Wasserwaage. Die Platten sollten vertikal sein oder höchstens eine minimale Neigung zum Teich hin haben, wodurch Regenwasser direkt in den Teich geleitet würde.

Schwieriger wird es, wenn die Platten verrutschen, weil der Teichrand selbst nicht richtig gebaut wurde. Es kann dann passieren, dass der Untergrund sich verschiebt oder sogar das Ufer in den Teich rutscht. In diesem Fall müssen Sie das ganze Ufer neu bauen. Wahrscheinlich müssen Sie den Teich entleeren, damit Sie die Seitenwände verstärken können.

Sicherheitshinweis

Alle Fliesen oder Platten am Teichrand müssen fest in Beton eingemauert sein. Wenn die Fliesen wackeln oder schief sind, kann Schlimmes passieren, besonders, wenn Sie Kinder haben, die nichts mehr lieben, als um den Teich zu laufen.

Einfassungen mit Gras und Randbeeten

Kann ich einen formfreien Teich mit Gras umgeben? Welche anderen Möglichkeiten gibt es?

Formfreie Teiche können durchaus von Gras umgeben sein, doch sie sehen unter Umständen aus wie eine Oase, die vom Rest des Gartens isoliert ist. Es ist besser, formfreie Teiche in die gesamte Gartengestaltung zu integrieren. Bepflanzte Beete, die zum Teich führen, helfen dem Eindruck der Isoliertheit ab. Ein Sumpfgarten wäre noch besser, aber im Grunde eignet sich jede Art von Beet mit Pflanzen wie Spieren (*Astilbe*) und Schaublatt (*Rodgersia*), die gut zu Wasser passen. Zu einem Naturteich passt wild wachsendes Gras besser als ein kurz gestutzter Rasen.

Welche Einfassung eignet sich für einen formfreien Teich?

Pflanzen als Einfassung sind ideal, weil sie den Übergang vom Teich zum Land am besten kaschieren. Außerdem geben sie gute Verstecke für Tiere ab, die den Teich besuchen. Sie sollten einige Stellen am Ufer unbewachsen lassen, damit man bis zum Teich gehen kann und die Wasserfläche sichtbar ist. Für diese freien Ufer eignet sich Gras am besten, vor allem, wenn der Boden eben ist.

Ein gepflasterter Weg oder Pfad aus Kies kann ebenfalls zum formfreien Teich führen; die Steine sollten aber nicht rundherum um den Teich liegen, denn das würde einen formalen Eindruck vermitteln. Unbepflanzte oder wenig bepflanzte Uferzonen können auch mit einem kleinen Holzzaun hervorgehoben werden (siehe Foto links).

Uferbepflanzung mit Gras

Eines der Probleme, das bei einem mit Gras bewachsenen Teichufer auftreten wird, ist, dass das Gras früher oder später ins Wasser wächst, wo es der Rasenmäher nicht mehr erreicht. Hier hilft ein länglicher Holzblock, der an der Grenze zwischen Rasen und Teich liegt und dafür sorgt, dass das Gras nicht weiter wächst. Wenn der Holzblock etwas unterhalb des Rasens liegt, können Sie mit dem Rasenmäher bis zum Ufer fahren.

Ein anderes Problem kann auftreten, wenn der Rasen viel begangen wird; die Erde darunter könnte zerbröckeln. Dies lässt sich am besten vermeiden, indem man die Teichufer mit einbetonierten Steinen außerhalb der Folie befestigt. Wenn die Steinblöcke 3–5 cm unterhalb des Rasens liegen, kann dieser bis zum Ufer wachsen, ohne dass der Boden bröckelig wird.

Ich möchte einen möglichst natürlichen Teich bauen. Wie kann ich ein natürlich aussehendes abfallendes Ufer konstruieren?

Sorgen Sie schon beim Ausheben der Grube dafür, dass ein Teil des Randes sehr sanft abfällt. Ein abfallendes Ufer nimmt viel Platz von der Gesamtgröße des Teiches ein. In einem kleinen Teich können Sie nur ein abfallendes Ufer haben, wenn das Wasser insgesamt sehr flach ist.

Bauen Sie den Teich wie sonst auch, kleiden Sie ihn mit einem Teichvlies und Teichfolie aus. Sie können auf die Teichfolie nochmals ein Schutzvlies legen, wenn Sie möchten. Legen Sie eine Schicht gleich hohe Pflastersteine und Kieselsteine auf das abfallende Ufer, so dass sie von oberhalb der Wasserlinie auf dem trockenen Ufer bis weit in das Wasser reichen, wo man sie nicht mehr sehen kann. Um zu verhindern, dass die Steine das Ufer herunterrollen, können Sie eine kleine Mauer aus größeren Kieselsteinen im Wasser bauen, indem Sie diese mit Mörtel verkleben.

Das Teichufer
Bedenken Sie, dass die Erde um den Teich herum grundsätzlich genauso trocken ist wie andere Teile des Gartens – es sei denn, Sie haben einen Sumpfgarten angelegt. Das Auskleiden der Teichgruben hat ja den Sinn, dass das Wasser im Teich bleibt. Wenn Sie wasserliebende Pflanzen um den Teich anpflanzen möchten, müssen Sie ein feuchtes oder sumpfiges Beet dafür anlegen.

Kann ich ein Blumenbeet anlegen, das bis zum Teichufer geht?

Sie können Blumenbeete direkt am Teich anlegen, es sei denn, Sie haben die Teichfolie über den Rand hinausgelegt und dann horizontal vergraben – dies würde es unmöglich machen, dort anzupflanzen. Wenn Sie vorab wissen, dass Sie ein Beet anlegen möchten, müssen Sie die Folie vertikal vergraben. Bei formfreien Teichen geht die Bepflanzung oft nicht nur bis ans Ufer, sondern reicht bis ins Wasser hinein. Die Pflanzen, die direkt am Ufer wachsen, sollten aus Gruppen ausgewählt werden, die auch in der Natur nahe beim Wasser wachsen. Typische Blumenbeete eignen sich besser für trockenere Zonen im Garten.

Wie man einen Kieselstrand macht

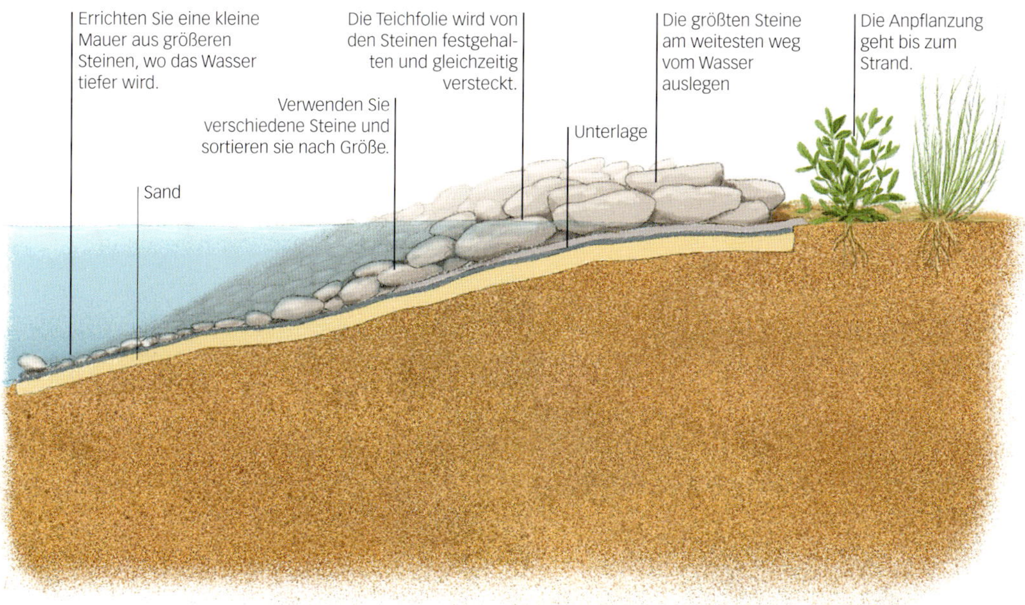

Frei stehende Miniteiche

Kann ich aus einem halbierten Holzfass einen Teich machen?

Ein halbiertes wasserdichtes Fass kann sogar ein besonders attraktiver kleiner Teich sein. Oft werden halbierte Holzfässer in Gartengeschäften als Pflanzgefäße angeboten; sie sind meist wasserdicht. Kaufen Sie ein Fass, das draußen gestanden hat, denn dann ist das Holz feucht und hat sich nicht zusammengezogen.

Waschen Sie das Fass gründlich aus, lassen Sie das Holz trocknen und streichen Sie die Innenwände mit versiegelndem Silikon. Lassen Sie die Versiegelung trocknen. Streichen Sie dann die Innenseite mit einer Schicht wasserdichter Spezialfarbe. Warten Sie ein bis zwei Tage, bevor Sie das Fass mit Wasser füllen.
Sie können das Fass auch mit etwas Teichfolie auskleiden, die Sie mit Leisten und Nägeln oberhalb des Wasserspiegels im Fass befestigen.

Kann ich aus jedem beliebigen Gefäß einen Teich machen?

Im Grunde gibt es hier keine Einschränkungen, außer der, dass das Gefäß attraktiv sein sollte, da es schließlich ganz zu sehen ist. Holzfässer, Futtertröge, Zinnbecken und selbst eine alte Badewanne können wunderschöne Miniteiche werden.

Alte Waschbecken aus Porzellan oder Zink sind besonders beliebt und eignen sich auch für Wasserspiele und kleine Wasserfälle. Seien Sie kreativ: Auch ein alte Tonne oder der verzinkte

Fische im Miniteich
In einem halbierten Holzfass können Sie ohne weiteres zwei bis drei kleine Fische beherbergen. Denken Sie an die Faustregel: Ein 5 cm langer Fisch braucht 30 x 30 cm Wasseroberfläche. Wenn das Gefäß nicht in den Boden gesenkt wird, stellt sich allerdings das Problem mit der Wassertemperatur: Das Wasser wird im Sommer schnell warm und friert im Winter schnell zu. Suchen Sie für den Miniteich einen geschützten Ort auf der Terrasse. Möglicherweise können Sie ein anderes Gefäß davorstellen, das ihn vor starker Sonne und eisigem Wind beschützt.

Deckel einer Mülltonne lassen sich in Miniteiche verwandeln. Gefäße mit weißen Oberflächen sind übrigens nicht ideal.
Wenn Sie das Gefäß in die Erde versenken, kann es natürlich auch weniger schön sein. Mehrere kleine Aluminium- oder Zinkgefäße können in einer interessanten Anordnung in der Erde versenkt werden. Blechdosen eignen sich nicht, da sie rosten.

- **Ich habe ein altes weißes Spülbecken. Wie kann ich es am besten in einen Teich verwandeln?**

Alte Spül- und Waschbecken sind sehr schwer, also bringen Sie es in die richtige Position, bevor Sie es mit Wasser füllen. Sie können das Becken mit einer Mischung aus einem Teil grobem Sand, einem Teil Zement und zwei Teilen Spezialtorf ausstreichen. Verrühren Sie die Zutaten mit ausreichend Wasser zu einer steifen Masse. Rauen Sie die Oberfläche des Beckens mit einem Topfschwamm auf, dann bleibt das Material besser kleben. Streichen Sie industriellen Klebstoff auf die Oberfläche des Beckens und geben Sie darauf die angerührte Masse. Streichen Sie auch

die Kanten damit aus. Lassen Sie das Ganze mehrere Tage trocknen und schützen Sie es dabei vor Sonnenlicht, das Risse in der Schutzschicht verursachen könnte. Geben Sie den Stöpsel in den Abfluss und versiegeln Sie ihn mit wasserdichtem Silikon. Streichen Sie die Oberfläche dann mit Milch oder Jogurt oder einem Spezialmittel, damit sie schneller dunkel wird.

Wasserspiele und Wassergärten

Bausätze und Zubehör

- **Ich möchte ein kleines, in sich geschlossenes Wasserspiel. Was gibt es außer Quellsteinen?**

Es gibt komplette Bausätze für Wasserspiele in japanischem Stil. Sie passen besonders gut in Gärten, die minimalistisch mit Gräsern, Iris und Bambus bepflanzt sind. Die so genannte Wasserschaukel beispielsweise hat ein unterirdisches Reservoir und eine Tauchpumpe, die das Wasser durch einen vertikalen Bambusstamm nach oben pumpt, von wo es in ein dünneres Bambusrohr fließt. Von dort fließt es weiter in ein großes, teilweise hohles Stück Bambus, das so befestigt ist, dass es schwenken kann. Wenn dieses Bambusrohr voller Wasser ist, schwenkt es nach vorne und leert seinen Inhalt in das darunter liegende Reservoir, das unter Kies und Steinen verborgen ist. Wenn das Bambusrohr nach dem Entleeren zurückschwenkt, schlägt es gegen einen Stein.

Ein anderer Bausatz – ebenfalls in japanischem Stil – besteht aus einem Gefäß, das laufend durch ein Bambusrohr mit Wasser gefüllt wird. Das Wasser läuft über Kies und Steine in ein unterirdisches Reservoir, von wo es mit einer Pumpe wieder nach oben gepumpt wird (siehe Foto gegenüberliegende Seite).

Braucht man für alle Wasserspiele elektrischen Strom?

Es gibt in Fachgeschäften immer mehr Wasserspiele, die mit Solarenergie versorgt werden. Der einzige Nachteil dabei ist, dass man einen Solarkollektor aufstellen muss, und zwar an einem besonders sonnigen Ort. Pumpen, die bis zu 400 Liter Wasser bewegen, können in der Regel mit Solarenergie versorgt werden. Die Pumpen sind allerdings ziemlich groß und müssen sehr nahe beim Teich stehen.

Kleine Springbrunnen, die bis zu 60 cm hohe Fontänen haben, kann man mit integriertem Solarkollektor kaufen. Sie können bis zu 100 Liter Wasser bewegen. Es gibt auch Lampen mit integriertem Solarkollektor, die auf dem Wasser treiben und etwa 6–8 Stunden in der Nacht leuchten. Der Nachteil ist, dass man sie nicht nach Wunsch abschalten kann.

Die entscheidenden Vorteile der solarbetriebenen Geräte sind ihre Sicherheit, die einfache Nutzung, der simple Einbau und natürlich die Tatsache, dass der Strom nichts kostet und umweltfreundlich ist.

Ich habe keinen Garten. Kann ich auf meinem Balkon ein Wasserspiel haben?

Es gibt viele kleine Wasserspiele, die ohne Probleme auf einem Balkon Platz finden. Sie können fertige Bausätze mit Keramikgefäßen, Tauchpumpen und attraktiv arrangierten Steinen kaufen.

Im Handel gibt es auch Bausätze für Wasserspiele in Blattform, die meist aus Kupfer gemacht sind. Über die Blätter fließt Wasser in ein Gefäß, von wo es wieder zum obersten Blatt gepumpt wird. Es gibt außer Blattformen auch noch ausgefallenere Modelle (siehe Foto oben).

Diese Wasserspiele brauchen nur wenig Platz, versorgen Sie aber mit dem erfrischenden, entspannenden Plätschern von fließendem Wasser und sorgen darüber hinaus für Luftfeuchtigkeit für Farne und ähnliche Pflanzen.

Bevor Sie sich für ein Wasserspiel entscheiden, müssen Sie sicherstellen, dass es nicht zu schwer für den Balkon ist. Lassen Sie sich im Zweifelsfall von einem Sachverständigen beraten.

Pumpen und Filtersysteme

● **Wie baue ich eine Pumpe für einen Springbrunnen ein?**

Moderne Tauchpumpen sind relativ einfach einzubauen. Zunächst brauchen Sie eine Steinbasis am Grund des Teiches, auf der die Pumpe steht, damit sie nicht mit Erde und Schlamm verstopft. Wenn Ihr Teich mit Folie ausgekleidet ist, sollten Sie die Steinbasis auf Teichvlies stellen, damit die Folie nicht beschädigt wird. Wenn der Teich sehr tief ist, brauchen Sie unter Umständen eine höhere Basis für die Pumpe, damit die Düse für den Springbrunnen oberhalb der Wasseroberfläche ist. Wenn Sie keine Pumpe am Teichgrund möchten, empfehlen wir eine Pumpe, die auf dem Land liegt und über einen Schlauch zu einem vertikalen Rohr und der Düse in der Mitte des Teiches führt.

Glücklicherweise sind alle modernen Pumpen bereits mit den benötigten elektrischen Kabeln ausgestattet, die natürlich wasserdicht sein müssen. Wir empfehlen, einen Elektriker zu Rate zu ziehen, der Ihnen beim Verlegen der Kabel und vor allem beim Anschluss an den Hauptstrom hilft. Verstecken Sie das Kabel unter einem großen Stein. Sie können das Kabel auch unter überhängenden Pflanzen verstecken, aber hier besteht die Gefahr, dass Sie es vergessen und beim Zurückschneiden der Pflanzen versehentlich beschädigen.

● **Wie baue ich eine Pumpe für einen Bach ein?**

Das Wasser in einem Bach wird vom niedrigsten Becken entnommen und mit einer Pumpe an die höchste Stelle transportiert, wo es auf unterschiedliche Weise wieder in den Bach gelangen kann. Man kann den Schlauch unter Steinen verstecken, so dass das Wasser wie eine sanfte Quelle heraussprudelt; es kann in ein anderes Becken fließen und von dort aus über eine Tülle wieder in den Bach gelangen. Es kann aber auch in Form eines Wasserfalls, einer Kaskade oder eines Springbrunnens wieder in Erscheinung treten.

Wenn Sie eine Tauchpumpe benutzen, kommt diese in das niedrigste Becken. Rohr und Kabel führen Sie am besten aus dem Becken

Querschnitt durch den Bach

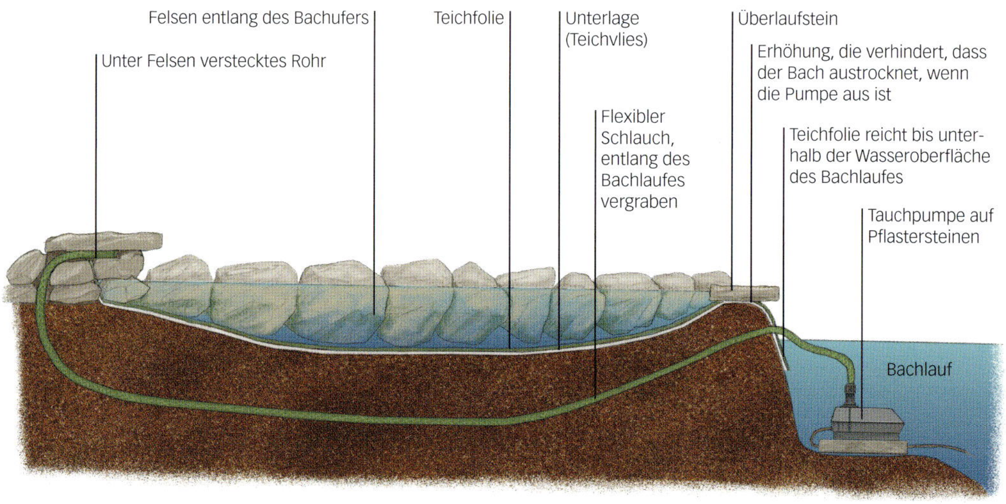

heraus und verstecken sie unter ein paar großen Steinen. Das Rohr läuft den Bach entlang nach oben zum höchsten Becken. Am besten verlegen Sie das Rohr unter Felsen, dann sieht man es nicht und es ist Ihnen nicht beim Graben und Unkraut jäten im Weg.

Brauche ich ein Filtersystem für meinen Teich?

Wenn Sie nur ein kleines Wasserspiel mit einem unterirdischen Wasserreservoir und ohne Pflanzen haben (siehe Foto rechts) brauchen Sie sicher kein Filtersystem. Auf der anderen Seite dürfte ein besonders großer Naturteich, der gesund ist, ebenfalls keinen Filter brauchen. Doch wenn Sie viele Fische haben oder einen relativ flachen Teich, in dem das Wasser schnell warm wird, kann ein Filter sehr sinnvoll sein.

Grundsätzlich gibt es zwei verschiedene Filter: Biologische Filter werden von einer Pumpe bedient, die ununterbrochen läuft, vor allem im Sommer, aber auch in milden Wintern. Diese Filter verwandeln schädliche Nitrite in unschädliche Nitrate. Das Wasser fließt durch verschiedene Filtereinsätze (Lehm, Kohle usw.), in denen gutartige Bakterien wirken. Diese zerstören die schädlichen Gase und Abfälle.

Mechanische Filter laufen nicht ununterbrochen. Das Wasser wird durch den Filtereinsatz gesogen und dabei wird Schmutz entzogen, bevor das Wasser über die Pumpe wieder in den Teich fließt.

Bei biologischen Filtern kann man zusätzlich UV-Strahler einsetzen. Mit diesen setzt man das Wasser ultraviolettem Licht aus, wodurch die Algen aneinander kleben und leichter zu entfernen sind.

Kauf einer Pumpe

Bevor Sie eine Pumpe im Gartengeschäft oder Spezialhandel kaufen, sollten Sie folgende Fragen klären:

- Wofür brauchen Sie die Pumpe – kleines Wasserspiel, Springbrunnen, Bachlauf?
- Wie groß ist der Teich?
- Wenn Sie einen Springbrunnen möchten – wie hoch soll die Fontäne sein und welche Art von Fontäne möchten Sie?
- Wenn Sie einen Wasserlauf möchten – wie lang und breit soll er sein?
- Wenn Sie einen Bach möchten – soll das Wasser langsam plätschern oder schnell über mehrere Wasserfälle rauschen?
- Brauchen Sie eine Pumpe, die ununterbrochen läuft oder eine, die sich an- und abschaltet?
- Brauchen Sie eine Pumpe für einen Fischteich? Wenn ja, brauchen Sie einen biologischen Filter, um das Wasser zu reinigen?

Wasserspiele mit zirkulierendem Wasser

- **Ich habe kleine Kinder und möchte wissen, ob es Wasserspiele ohne potenziell gefährliche Wasserbecken gibt?**

Es gibt verschiedene Wasserspiele, die sich gut für kleine Gärten und Terrassen eignen, da sie in der Regel wenig Platz brauchen. Sie sind auch ideal für eine Umgebung, in der kleine Kinder spielen und herumlaufen, da sie kein stehendes Wasser haben, das für die Kinder gefährlich sein könnte, wenn sie nicht beaufsichtigt werden. Alle diese Wasserspiele haben ein unterirdisches Wasserreservoir, das mit einem Eisenrost abgedeckt ist.

Auf diesem Eisenrost liegen dekorative Steine oder Kiesel, über die das Wasser läuft, das entweder von unten nach oben gepumpt wird oder von einem höher liegenden Behälter herunterfließt. Das Wasser trifft auf die Steine und verschwindet sofort im unterirdischen Reservoir, von wo es wieder nach oben gepumpt wird. Diese Wasserspiele sorgen für das Glitzern und das Plätschern von fließendem Wasser und sind dabei völlig ungefährlich.

- **Kann ich einen Quellstein auf meiner Terrasse haben?**

Wenn Sie die notwendige elektrische Versorgung haben, kann ein Quellstein sogar ideal sein. Häufig sind Quellsteine aus alten Mühlsteinen gemacht (siehe Foto oben). Sie müssen sich überlegen, wo das Reservoir hinkommt, denn es wird sich optisch nicht gerade gut machen, wenn es auf der Terrasse steht. Am besten ist es, wenn Sie ein oder zwei Steinfliesen aus der Terrasse entfernen können und ein Loch für das Reservoir graben. Das Loch sollte mindestens 30 cm tief sein und 60 cm Durchmesser haben. Vor allem mit einer Gruppe von Pflanzen, die es feucht und schattig mögen, sieht ein Quellstein auf einer Terrasse traumhaft aus.

- **Kann ich einen Terrakotta-Topf mit einer Tauchpumpe in ein Wasserspiel verwandeln?**

Ja; vor allem große Töpfe mit Rand sind eine attraktive Alternative zu Quellsteinen, wenn Sie lieber ein hohes Wasserspiel möchten als eines mit einer breiten Wasserfläche. Diese Wasserspiele sind außerdem kindersicher.

Da diese Art von Wasserspiel mit Terrakotta-Töpfen sehr beliebt ist, gibt es inzwischen im Handel eine große Auswahl in verschiedenen

Terrakotta-Topf mit Rand

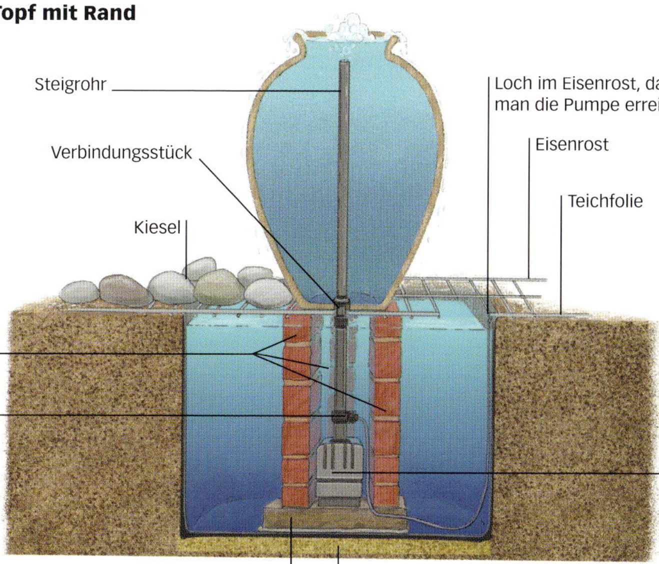

Farben, Formen und Stilen. Der Topfboden hat bereits ein vorgebohrtes Loch für das Steigrohr der Pumpe. Das Prinzip ist das gleiche wie bei den Quellsteinen und besteht aus einem unterirdischen Reservoir mit einer Tauchpumpe. Das Steigrohr wird durch das Loch im Topfboden geführt. Die Pumpe befördert Wasser durch das Steigrohr nach oben, überschüssiges Wasser plätschert über den Rand des Gefäßes und läuft am Gefäß entlang wieder in das Reservoir. Das Gefäß steht auf einem Eisenrost, den man am besten unter schönen Steinen versteckt. Wenn das Gefäß sehr groß ist, müssen Sie mit Ziegelsteinen und Mörtel drei Stützpfeiler im Reservoir bauen, da ein großes Gefäß in vollem Zustand zu schwer für den Eisenrost sein kann (siehe Abbildung oben).

Wasser nachfüllen

Wenn Sie kleine Wasserspiele wie Quellsteine oder Terrakotta-Brunnen bei heißem Wetter ununterbrochen laufen lassen, müssen Sie regelmäßig prüfen, ob das Reservoir genügend Wasser hat. Falls nötig, müssen Sie nachfüllen. Wenn diese Wasserspiele mit ungenügend Wasser betrieben werden, geht die Pumpe kaputt.

Wandbrunnen und Wasserspeier

Was ist ein Wasserspeier?

Ein Wasserspeier besteht aus einem einzigen Wasserstrahl, ähnlich wie ein Brunnen für Trinkwasser. Meist kommt der Wasserstrahl aus einem Schlauch in einer Mauer oder Säule. Oft ist der Wasserstrahl Teil einer Skulptur oder eines Tiergesichts: Löwenköpfe sind besonders verbreitet. Das Wasser läuft ununterbrochen in ein Becken. Dieses Becken kann ein konventionelles Becken aus Stein sein, aber auch ein altes Waschbecken oder eine Wanne aus Keramik. Wenn das Becken nicht groß genug für die Pumpe ist, wird diese in der Regel in einem extra gegrabenen Reservoir darunter untergebracht. Das Wasser fließt vom Becken ins Reservoir, und von dort wird es nach oben zum Wasserspeier gepumpt.

Ausgefallene Wasserspeier

Wenn Sie eine alte Handpumpe finden, lässt sich daraus ein schöner stilvoller Wasserspeier machen. Das Wasser fließt aus der Pumpe auf einen Metallrost und verschwindet in einem unterirdischen Reservoir, von wo es wieder nach oben zur Handpumpe gelangt.

Brauche ich einen Teich für einen Wasserspeier?

Nein; Wasserspeier sind ideal für kleine Gärten und Terrassen, da sie ganz unabhängig von einem Teich funktionieren. Wasser läuft in ein beliebiges Gefäß, das gut in Ihren Garten passt – ob Wanne, Eimer oder altes Waschbecken. Sie können die Wasseroberfläche sogar noch mehr reduzieren, indem Sie das Wasser über Steine laufen lassen, durch die es in ein unterirdisches Reservoir fließt.

Kann ich einen Wasserspeier direkt an die Hauswand bauen?

Nein; Ganz egal, wie exakt und vorsichtig Sie die Mauer für den Wasserspeier vorab behandeln, sie wird immer ein bisschen Wasser aufsaugen. Sie müssen für einen Wandbrunnen unbedingt eine zusätzliche Mauer bauen oder am besten eine Doppelmauer, in der Sie das Steigrohr für die Pumpe verstecken können. Wenn Sie eine frei stehende Mauer mit einem Hohlraum im Garten haben, kann das Steigrohr dort verlegt werden. In diesem Fall müssen Sie natürlich Eingangs- und Ausgangslöcher bohren.

Einen Wandbrunnen bauen

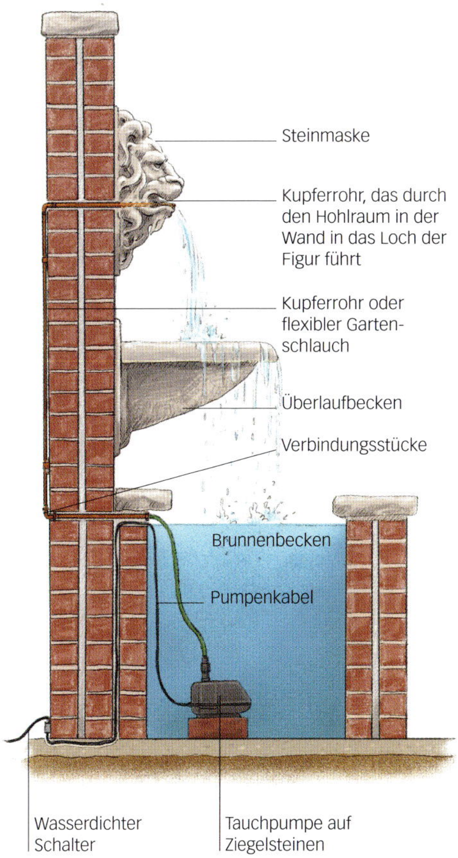

Kann ich einen Wandbrunnen in meinem Hinterhof haben?

Wenn Sie die Rohre verstecken können und außerdem Platz für ein verstecktes Wasserreservoir haben, können Sie ohne weiteres einen Wandbrunnen im Hinterhof haben – aber nicht an der Hausmauer! Die Rohre lassen sich gut hinter Holzspalieren verstecken, die Sie etwa 2,5 cm von der Mauer entfernt an Leisten befestigen. Die Spaliere umrahmen den Wasserspeier (siehe Foto oben), schaffen Platz für den Schlauch und Kletterpflanzen, die nach und nach wachsen und den Schlauch verbergen. Streichen Sie die Mauer zum Schutz mit Dichtungsmittel. Wenn Sie vor der Mauer ein Loch in den Boden graben können, stellen Sie einen Mülleimer aus Plastik als Wasserreservoir dort auf eine Schicht Sand mit dem Rand etwas unterhalb des Bodens. Oder Sie benutzen eine Wanne als oberirdisches Reservoir. Stellen Sie die Tauchpumpe auf den Boden des Reservoirs. Führen Sie ein Kupferrohr durch das Loch im Wasserspeier und befestigen Sie ein Ende mit einer Spezialklammer an einem Stück flexiblen Gartenschlauch, der hinter dem Spalier entlang zum Wasserreservoir verläuft. Verbinden Sie den Gartenschlauch mit dem Steigrohr oder Schlauch der Pumpe. Füllen Sie Wasser in das Reservoir. Bedecken Sie den Mülleimer mit einem Metallrost und legen Sie große Steine darauf.

Springbrunnen

Braucht man in einem Teich einen Springbrunnen?

Nein; die meisten Teiche haben keinen Springbrunnen. Doch natürlich ist ein Springbrunnen besonders attraktiv, wenn das Wasser im Sonnenlicht glitzert; das Plätschern eines Springbrunnens kann sehr beruhigend und entspannend wirken. Ein Springbrunnen hat auch praktische Vorteile: Durch ihn gelangt Sauerstoff ins Teichwasser, was besonders im Sommer an heißen, gewittrigen Tagen wichtig ist, wenn das Wasser ganz still ist. Wenn Sie Fische im Teich haben, braucht das Wasser ohnehin noch mehr Sauerstoff.

Kann ich in jedem Teich einen Springbrunnen haben?

Gartenbesitzer mit formfreien Teichen oder Naturteichen haben in der Regel keinen Springbrunnen, da die meisten im Handel erhältlichen Springbrunnen eher formalen Charakter haben. Außerdem stören Springbrunnen unter Umständen Tiere im Teich. Man kann mit Fantasie und etwas Geschick selbst einen Springbrunnen entwerfen, beispielsweise aus mehreren Bambusrohren. Dieser würde sicher auch einen formfreien, naturnahen Teich optisch bereichern. Doch grundsätzlich eignen sich Springbrunnen besser für Gärten mit formalen Teichen. Meist befinden Sie sich im Zentrum eines quadratischen oder runden Beckens; ein rechteckiger Teich sieht besonders schön aus, wenn er an beiden Enden einen Springbrunnen hat. Sie können viele verschiedene Fontänen für den Springbrunnen auswählen, doch meist sehen die einfachsten am besten aus. Denken Sie schon beim Bau des Teiches daran, dass Sie auf möglichst nicht sichtbare Weise Strom an den Teich heranführen müssen. Beziehen Sie einen Springbrunnen von Anfang an in die Planung mit ein.

Wie hoch sollte der Springbrunnen sein?

Die Höhe der Fontäne hängt vor allem von der Größe Ihres Teiches ab. Als Faustregel kann man sagen, dass die Fontäne nicht höher sein sollte, als der Durchmesser des Teiches beträgt. Für mehrstufige Kaskaden, die von Sterndüsen etagenförmig in die Höhe gesprüht werden, brau-

Düsen für Springbrunnen

Es gibt viele verschiedene Düsen für Springbrunnen, die von kleinen Kelchdüsen über Schaumsprudler bis hin zu mehrstufigen Sterndüsen reichen. Je nach Platz und Art des Teiches kann das Wasser dabei aus einer schlichten Düse kommen oder aus dem Mund von Steinfiguren. Gut passen Delfine, Fische, Vögel oder auch menschliche Figuren.

Einbau eines Springbrunnens

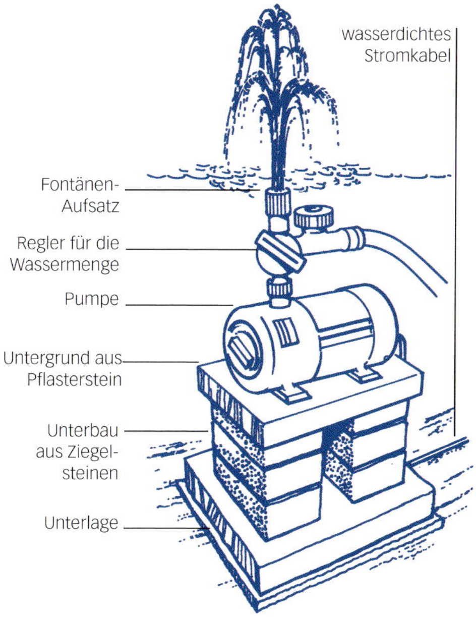

chen Sie einen großen Teich, der zumindest den Großteil des Wassers wieder auffängt. Denken Sie auch an die Nachbarn, die sich möglicherweise vom Sprühregen Ihrer Fontänen gestört fühlen. Beim Kauf der Pumpe müssen Sie die Höhe und Breite der Wasserfontänen bereits im Kopf haben, damit sie eine ausreichend starke Pumpe kaufen.

Muss der Springbrunnen immer angeschaltet sein?

Nein; Sie können die Pumpe für den Springbrunnen jederzeit abschalten. Wenn Sie möchten, schalten Sie den Springbrunnen abends ab; wer Beleuchtung am Teich hat, lässt den Springbrunnen sicher noch in die Abendstunden hinein an.

Wenn Frostgefahr besteht, empfiehlt es sich, den Springbrunnen auszuschalten. Auch wenn das entstehende Eis sehr schön aussehen mag – es beschädigt die Pumpe, und das kann teuer werden.

Reizvoll sind „Magic Eyes", die wie ein Bewegungsmelder funktionieren und den Springbrunnen anschalten, wenn jemand sich nähert.

Kann ich einen Springbrunnen ohne Pumpe haben?

Natürlich gab es auch schon vor der Erfindung der Tauchpumpe Springbrunnen. Allerdings bräuchte man ein Wasserreservoir, das höher liegt als der Springbrunnen. Wer in hügeliger Landschaft lebt, mag also ohne Pumpe auskommen. Ansonsten werden Sie zumindest eine solarbetriebene Pumpe anschaffen müssen, deren Strom kostenlos und umweltfreundlich ist; oder Sie müssen doch ein elektrisches Kabel verlegen.

Kann ich im Naturteich einen Springbrunnen haben?

In den meisten Naturteichen sehen Springbrunnen fehl am Platz aus, da dieser Teichtyp so natürlich wie möglich gestaltet sein soll. Manche Vögel lieben allerdings eine „Dusche" unter einem ganz einfachen, nicht zu kräftigen Strahl. Legen Sie einen großen Stein unter die Fontäne, auf dem die Vögel stehen können. Rein optisch würde ein Wasserfall besser in einen Naturteich passen. Wenn Ihr Naturteich klein ist, sollten Sie ganz darauf verzichten, da viele Pflanzen nicht ständig berieselt werden wollen und manche Tiere sich ebenfalls gestört fühlen würden.

Bäche und Wasserfälle

Ich habe keinen natürlichen Wasserlauf im Garten. Kann ich trotzdem einen Bach haben?

Sie können in beinahe jedem Garten einen Bach haben, dank der Vielzahl von kleinen Pumpen, die dafür sorgen, dass das Wasser zirkuliert. Sie brauchen einen Lauf für den Bach, der mit Teichfolie, vorgefertigten Bachlauf-Schalen oder aber aus Beton gemacht werden kann. Teichfolie ist am flexibelsten, Bachlauf-Schalen sind praktisch, und man kann das obere und untere Becken gleich passend dazu kaufen.

Das größte Problem ist, dass das Wasser wieder zum Ausgangspunkt gepumpt werden muss. Das lässt sich am besten lösen, indem das Wasser zum Schluss in ein Becken fließt, von dem es eine Pumpe wieder nach oben schickt, wo es entweder als sprudelnde Quelle, Wasserspeier oder Überlauf wieder an die Oberfläche tritt.

Kann ich in einem ebenen Garten einen Bach haben?

Sie können einen völlig ebenen Wasserlauf haben. Der Fluss des Wassers kommt dadurch zustande, dass der Wasserlauf in einem Becken beginnt, wo der Wasserspiegel automatisch höher ist. Zum Schluss läuft es ins Reservoir, wo die Pumpe es wieder zum Anfang schickt.

Ein leichtes Gefälle im Garten macht den Fluss des Wassers etwas aktiver und lebendiger. Viele Gartenbesitzer haben einen Bachlauf an einer besonders steilen Stelle, da man so in den Genuss des Rauschens und Plätscherns von herabstürzendem Wasser kommt, das an eine frische Quelle in den Bergen erinnert. Dieser Effekt wird am besten erreicht, indem man einen großen Steingarten anlegt, durch den der Bach fließt. Noch schöner wird das Ganze, wenn man in verschiedenen Höhen kleine Becken anlegt, durch die der Bach fließt.

Wie baue ich einen Bach?

Zunächst müssen Sie sich genau überlegen, wo der Bach hinkommt. Er muss in den Garten integriert werden. Alle Gefälle, durch die der Bach fließen soll, beispielsweise Steingärten, müssen sorgfältig gebaut werden und dabei muss das Bachbett sehr fest gepresst werden.

Lassen Sie sich nicht dazu hinreißen, einen großen Fluss zu planen, auch wenn Sie genug Platz haben. Die meisten Pumpen, die man als Gartenbesitzer kaufen kann, sind auf das Pumpen von 2700 Liter Wasser pro Stunde beschränkt.

Graben Sie das Bett aus und legen Sie es mit Teichfolie aus, genau so, wie man es bei einem Teich machen würde. Fangen Sie am unteren Ende an und legen Sie die Folie Stück für Stück in das ausgehobene Bett. Am besten eignet sich Folie aus Butyl-Kautschuk, da man überlappende Stücke gut versiegeln kann. Vergraben Sie die Folie im Ufer oder ziehen Sie sie über das Ufer hinaus und vergraben sie dann vertikal in der Erde. Legen Sie die Folie nicht zu weit vom Ufer entfernt aus, denn dann wird es später mit der Bepflanzung schwierig. Je nach verwendeter Folie müssen Sie die Nahtstellen verkleben oder versiegeln. Bauen Sie am unteren Ende des Bachlaufes eine Stufe, über die das Wasser in ein kleines Becken fließen kann.

Welche Pflanzen eignen sich am besten für das Ufer des Baches?

Grundsätzlich hängt die Uferbepflanzung vom Typ des Gartens ab. Fast immer passen grüne Pflanzen wie Funkien und Farne, die man im Frühjahr und Sommer mit farbenfrohen Primeln durchsetzt und im Sommer und Herbst mit Gauklerblumen. Grundsätzlich eignen sich alle Pflanzen, die auch sonst als Uferpflanzen geeignet sind (siehe Seiten 92–93). Normale Blumen für Blumenbeete wie z. B. Fleißige Lieschen oder Rosen würden am Bachufer fehl am Platze aussehen. In einem großen Garten sehen üppig wachsende Pflanzen wie Riesenrhabarber (*Gunnera manicata*) spannend aus. Pflanzen Sie in Gruppen und lassen Sie gelegentlich etwas Platz am Ufer für Gras, Felsen oder Platten.

Ist es schwer, einen Wasserfall zu bauen?

Nein. Sie brauchen nur zwei Becken, ein höher liegendes und eines darunter. Ein Teil der Kante vom oberen Becken ist niedriger, so dass das Wasser von dort über eine Tülle in das darunter liegende Becken fließen kann. Sie können einen großen Stein oder eine Steinplatte entlang der Tülle verlegen, so dass das Wasser wie ein breiter Vorhang herunterfällt. Die andere Möglichkeit ist, verschiedene Steine entlang der Tülle zu arrangieren, die das Wasser im Fall brechen und herumwirbeln. Die Pumpe im unteren Becken pumpt das Wasser wieder nach oben.

Eine Kaskade wird nach dem gleichen Prinzip gemacht. Zwei Becken werden durch einen steilen felsigen Wasserlauf verbunden, wodurch eine Reihe von Becken und sprudelndes Wasser kreiert werden. Vor allem in einem modernen Garten kann ein Wasservorhang, der eine vertikale Steinwand herunterfällt und dann in einem schmalen Becken aufgefangen wird, sehr interessant aussehen. Das obere Becken kann so hoch angelegt sein, dass man es nicht mehr sieht und nur den Wasservorhang wahrnimmt, der über die Kante der Steinplatte fällt.

Pflanzen für das Bachufer

Folgende Pflanzen sehen am Ufer eines Wasserlaufes gut aus:

- Rotschleier-Farn (*Dryopteris erythrosora*)
- Funkie (*Hosta*), siehe Foto rechts
- Kugelprimel (*Primula denticulata*)
- Lila Weiderich (*Lythrum spp.*)
- Löwenmaul-Gauklerblume (*Mimulus lewisii*)
- Prachtspiere (*Astilbe x arendsii*)
- Riesenrhabarber (*Gunnera manicata*)
- Sumpfschwertlilie (*Iris ensata*)
- Trollblume (*Trollius cultorum cvs.*)
- Zackenschaublatt (*Rodgersia podophylla*)

Holzdeck

Was ist ein Holzdeck?
Ein Holzdeck ist eine begehbare Fläche aus Holz. In vielen Gärten ist das Holzdeck heute eine beliebte Alternative zu Steinpflaster. Mit Fliesen oder Planken kann man eine Fläche schaffen, auf der Sie gehen, sitzen und sogar feiern können. Im Grunde ist es ein Holzboden, dessen Bretter auf einem Rahmen befestigt sind. Das Holzdeck kann auf gleicher Höhe wie der Boden sein oder erhöht. Wenn Sie ein Holzdeck am Gartenteich möchten, kann es über den Teichrand hinaus ins Wasser ragen – dann muss es natürlich erhöht sein (siehe Foto oben).

Kann ich in der Nähe meines Teiches ein Holzdeck haben?
Ein Holzdeck ist sogar besonders gut geeignet für Flächen in Wassernähe. Obwohl es eine gerade und klar umrissene Form hat, passt es auch zu formfreien Teichen. Man muss allerdings darauf achten, dass es optisch nicht dominiert.

Ein Holzdeck lässt sich grundsätzlich auf zwei Hauptarten nutzen: Entweder man verlegt das Holzdeck neben dem Teich in Form von Sitzflächen und Stegen. Das ist relativ leicht zu machen, da alle Teile des Decks auf festem Boden aufliegen. Die andere Möglichkeit ist, mit einem Holzdeck auf festem Boden zu beginnen und es so zu verlegen, dass es über das Ufer hinaus in den Teich ragt, wobei es mindestens 3–5 cm über der Wasseroberfläche liegen sollte. Natürlich kann es auch höher sein: wenn das Holzdeck beispielsweise an der Terrasse beginnt und dann zu einer Brücke wird, die über den Teich führt. Es hat etwas sehr Beruhigendes, von

Holzdeck verlegen
Sie können Planken oder Fliesen in schönen geometrischen Mustern verlegen. Möglicherweise müssen Sie für ein kompliziertes Schachbrett- oder Fischgrätenmuster die Querbalken näher aneinander setzen, als es normalerweise der Fall wäre.

oben auf Wasser zu sehen und Fische oder anderes Geschehen zu beobachten. Ein Holzdeck, das etwas über den Teichrand reicht, versteckt außerdem die Teichfolie.

Welches Holz eignet sich am besten für ein Holzdeck?

Im Grunde können Sie fast jedes Bauholz verwenden – vorausgesetzt, es wurde entsprechend behandelt. Achten Sie darauf, dass das Holz druckimprägniert ist. Die Planken oder Fliesen sollten mindestens 2,5 cm dick sein. Besonders haltbar sind Kanadische Rotzeder, Lärche oder heimische Fichte. Auch Birke, Mahagoni und Eiche können verwendet werden, sind allerdings teurer. Lassen Sie sich im Fachhandel beraten im Hinblick auf die geplante Verwendung des Decks.

Es gibt Holzplanken und Holzfliesen. Je nach geplanter Größe und Art des Decks eignen sich Planken oder Fliesen besser. Beide gibt es aus verschiedenem Holz und in verschiedenen Größen. Kaufen Sie Fliesen und Planken mit gerillter Oberfläche, darauf rutscht man nicht so leicht aus.

Wie verlege ich ein Holzdeck?

Wenn Sie auf festem Boden verlegen, müssen Sie den Grund von Unkraut säubern und dann sorgfältig mit dem Rechen ebnen. Die Planken oder Fliesen sitzen auf hölzernen Querbalken, die meist 8 x 5 cm groß sind. Die Querbalken müssen auf speziellen Unterlagen ruhen. Diese sind aus vorgeformtem Beton und etwa 45 cm^2 groß und 10 cm dick.

Diese Unterlagen stellt man mit etwa 1,2 m Abstand zueinander auf den Boden. Die Querbalken sitzen fest in Rillen auf der Oberfläche der Unterlagen und werden so ausgerichtet, dass sie im rechten Winkel zu den Planken liegen. Die Querbalken liegen parallel zueinander, mit etwa 75 cm Abstand.

Die Holzplanken werden auf die Querbalken geschraubt. Lassen Sie zwischen den Planken jeweils 5–10 mm Abstand, da Holz sich bei Feuchtigkeit verzieht. Alle Befestigungen sollten aus galvanisiertem Stahl oder anderem rostfreiem Material sein.

Es ist etwas schwieriger, über das Ufer eines Teiches hinaus zu bauen, aber das Prinzip ist das gleiche. Die Erde unter der Folie muss fest sein und darf sich nicht bewegen. Legen Sie mehrere Schichten Teichvlies auf die Teichfolie und bauen Sie große Betonklötze mit vertikalen eingelassenen Trägern. Die Rahmen und Holzfliesen werden auf diese Träger gebaut.

Was kann ich tun, damit das Holzdeck lange schön bleibt?

Holz verändert seine Farbe, wenn es alt wird und unterschiedlichen Bedingungen ausgesetzt ist. Das macht einen Teil seines Reizes aus. Doch um die Holzfliesen in gutem Zustand zu erhalten, sollten Sie sie regelmäßig mit einer Speziallasur aus dem Fachgeschäft behandeln. Es gibt eine große Auswahl an durchsichtigen und farbigen Lasuren.

Das Holz muss trocken sein, bevor Sie es streichen. Behandeln Sie die Oberfläche mit einer Drahtbürste oder grobem Schmirgelpapier, um Schmutz zu entfernen. Streichen Sie alle Holzflächen regelmäßig mit Schutzlasuren, damit sie nicht kaputtgehen. Erkundigen Sie sich beim Einkauf der Lasur auch nach ihrer Verträglichkeit. Manche Lasuren sollten Sie meiden, da sie Pflanzen und Fische schädigen könnten.

Brücken und Trittsteine

Hat es Sinn, über einen kleinen Teich eine Brücke zu bauen?

Eine große Brücke über einem kleinen Teich wird höchstwahrscheinlich völlig deplatziert aussehen. Für einen kleinen Teich sind ein bis zwei Trittsteine, über die man geht, um den Teich an einer schmalen Stelle zu überqueren, eher sinnvoll. Grundsätzlich baut man Brücken nur, wenn sie wirklich einen Sinn haben. Wenn Sie einen großen Teich oder einen Bach haben, ist eine Brücke sinnvoll und sie wird auch nicht deplatziert aussehen.

Welches Material eignet sich am besten für eine Brücke?

Sie können Brücken aus jedem Material bauen, sofern es wasserdicht ist. Ziegelstein, Naturstein, angemaltes Eisen und speziell behandeltes Holz können verwendet werden – die Hauptsache ist, dass das Material nicht zu schnell kaputt geht. Die meisten Materialien halten nicht ewig und manches muss ersetzt werden, aber natürlich können Sie hier mit guter Pflege entgegen wirken. Übrigens ist die regelmäßige Pflege auch unter Sicherheitsaspekten notwendig.

Ich will einen Sumpfgarten anlegen. Wie komme ich an die Pflanzen heran?

Ein Sumpfgarten ist natürlich stark bewachsen und daher nicht ganz leicht zugänglich. Wenn der Sumpfgarten nicht zu breit ist, kommen Sie möglicherweise von den Seiten an die Pflanzen heran. Doch ein breiter Sumpfgarten, der noch dazu an den Teich grenzt, kann sehr schwer zugänglich sein. Man kann ein Netz von Wegen und Stegen auf einem großen Gebiet verlegen. Für die Oberfläche eignen sich Raspel aus Baumrinde, die man in Gartengeschäften bekommt. Sie passen optisch, weil sie natürlich aussehen; außerdem nehmen sie keinen Platz weg.

Die billigste Methode ist, mit zwei oder drei großen Stücken Pappkarton durch den Sumpfgarten zu gehen, die man als Trittsteine vor sich auslegt und immer wieder aufhebt. Diese Methode ist etwas unpraktisch, wenn man durch den Sumpfgarten durchgehen möchte. Für länger dauernde Tätigkeiten wie Unkraut jäten eignet sie sich besser.

Ich möchte jederzeit in meinen Sumpfgarten gehen können. Wie kann ich einen Pfad mit Trittsteinen anlegen?

Die einfachste Methode ist, Pflastersteine so zu verlegen, dass man bequem vom einen auf den

nächsten gelangt. Sie können sowohl ganze Pflastersteine als auch Stücke von Pflaster- oder Natursteinen verwenden (siehe Foto oben). Mit den größeren Steinen legt man einen Hauptweg an, von dem kleinere Pfade abgehen, die Ihnen Zugang zu allen Pflanzen erlauben.

Bei der Auswahl der Trittsteine müssen Sie bedenken, dass kleine Steine leichter einsinken, wenn die Erde weich ist, auf der anderen Seite aber weniger störend aussehen als große. Eine Alternative zu Steinen sind abgesägte Scheiben eines großen Baumstammes, die nicht nur natürlich aussehen, sondern auch gut in die ganze Umgebung eines Sumpfgartens passen. Der Nachteil ist, dass sie rutschig sein können, weshalb sie vor dem Auslegen behandelt werden sollten.

Eine gute Methode ist auch, Maschendraht über die Oberfläche des Holzes zu legen und an den Seiten zu befestigen.

Geländer

Hohe Brücken haben normalerweise Geländer, die sowohl schön aussehen als auch sinnvoll sind, da sich unterhalb der Brücke in der Regel ein großes und möglicherweise tiefes Gewässer befindet. Bei kleinen Brücken kann ein Geländer völlig deplatziert aussehen. Überlegen Sie sich gut, ob Sie wirklich ein Geländer brauchen. Sicherheit geht natürlich vor Schönheit, und wer kleine Kinder hat, sollte alle denkbaren Sicherheitsvorkehrungen treffen. Eine kurze, sehr breite Brücke über einen relativ flachen Teich sollte ohne Geländer auskommen.

Beleuchtung

● Warum sollte ich meinen Teich beleuchten?

Man muss seinen Gartenteich selbstverständlich nicht beleuchten. Viele Gartenbesitzer wollen einen natürlichen Teich, der in der Nacht dunkel ist. Andere Teichbesitzer erfreuen sich den ganzen Tag am Teich und möchten darüber hinaus den völlig anderen Eindruck genießen, den ein beleuchteter Teich in der Nacht bietet.

Es gibt verschiedene Möglichkeiten, einen Teich zu beleuchten. Flutlicht erhellt den gesamten Teich, so dass man alles sehen kann. Scheinwerfer hingegen können so platziert werden, dass nur bestimmte Teile des Teiches hervorgehoben werden, während der Rest in geheimnisvollem Dunkel liegt. Schwimmkerzen oder schwimmende Lichter sind sehr romantisch und verbreiten Stimmung, wenn Sie am Teich feiern. Es gibt auch solarbetriebene Lampen, die 6–8 Stunden leuchten.

● Muss ich für Teich und Teichumgebung spezielle Lampen kaufen?

Ja. Sie dürfen auf gar keinen Fall gewöhnliche Lampen aus dem Haus im Garten benutzen und schon erst recht nicht in der Nähe von Wasser. Aber es gibt eine große Auswahl an Lichtquellen, die speziell für Garten und Gartenteiche gedacht sind. Die Bandbreite reicht von Scheinwerfern zum Beleuchten einzelner Pflanzen bis zu Unterwasserlampen und Schwimmlampen. Es gibt auch Springbrunnen mit eingebauten Scheinwerfern. Manche Lampen verändern die Farbe ihres Lichtstrahls. Kaufen Sie die Lampen im Fachhandel und halten Sie sich an die Gebrauchsanweisung.

● Was ist die beste Methode, um einen Teich zu beleuchten?

Grundsätzlich gibt es zwei Möglichkeiten der Beleuchtung: von oben und von unten. Wenn Sie den Teich von oben beleuchten möchten, können Sie Lampen hoch oben in Bäumen anbringen, so dass ein großer Bereich beleuchtet wird, oder aber Scheinwerfer verteilen, die bestimmte Teile des Teiches, beispielsweise Pflanzen oder eine Steinfigur, hervorheben. Wenn Sie den Teich von unten beleuchten wollen, bringen Sie die Lampen am Boden an und lassen das Licht durch Büsche und Bäume nach oben strahlen, wodurch effektvolle Schatten kreiert werden. Beim Beleuchten von unten müssen Sie darauf achten, dass die Lampen so ausgerichtet sind, dass sie niemanden blenden, der zum Teich geht.

Unterwasser-Lampen können dazu dienen, den gesamten Teich vom Rand aus zu beleuchten. Man kann die Lampen aber auch verstecken, beispielsweise unter einem Wasserfall (siehe Foto oben links) oder einer Brücke. Wenn Wasser von oben angestrahlt wird (siehe Foto

Gartenbeleuchtung

Denken Sie bei der Planung der Garten- und Teichbeleuchtung bitte auch an die Nachbarn. Es gibt – außer unablässig klimpernden Windspielen – nicht viel, was Nachbarn so irritieren kann wie gedankenlos angebrachte Lichtquellen, die völlig unerwünscht deren Garten bei Nacht erleuchten. Richten Sie Ihre Lichter entsprechend aus.

oben) kann die Oberfläche dunkel und undurchdringlich erscheinen. Wenn das Licht hingegen von unten kommt, können Sie ins Wasser sehen und Fische beobachten. Außerdem kann man jede Bewegung auf der Wasseroberfläche verfolgen.

Es ist schwierig, den Teich nachts anzusehen, weil die Lichter blenden. Was kann ich tun?

Meist liegt das Problem darin, dass die Lampen falsch positioniert sind, vor allem, wenn Lichtquellen von unten nach oben scheinen. Richten Sie alle hoch positionierten Lampen so aus, dass sie nach unten scheinen. Wenn Sie Lichtquellen möchten, die nach oben leuchten, beispielsweise eine Lampe, die eine Brücke von unten anstrahlt, nehmen Sie am besten einen Scheinwerfer und kein Flutlicht, dann ist der Lichtkegel kleiner. Eine andere Ursache kann sein, dass die Lampen zu hell sind, was völlig unnötig ist. Teichbeleuchtung sollte subtil und sanft sein, nicht gleißend hell. Nehmen Sie sich beim Ausrichten der Lampen Zeit, bevor Sie sie endgültig befestigen.

Kabel für die Beleuchtung

Die Kabel für die Beleuchtung im Gartenteich und um den Gartenteich herum müssen genauso sicher sein wie Kabel für die Teichpumpe. Die Kabel müssen armiert sein und innerhalb einer Kabelführung aus Plastik in einem mindestens 60 cm tiefen Graben verlegt werden. Der Graben sollte mit einer Schicht Dachziegel oder Ähnlichem abgedeckt und durch gestreiftes Sicherheitsband kenntlich gemacht werden. Übrigens sollten alle Kabel, Adapter, Schalter und Ähnliches mit diesen Vorsichtsmaßnahmen behandelt werden. Jedes Licht sollte einen eigenen Schalter haben. Ein Transformator, der den Hauptstrom in 12-Volt-Niedrigstrom umwandelt, ist sicherer. Verlegen Sie die Kabel keinesfalls so, dass sie bei der Gartenarbeit beschädigt werden könnten oder jemand darüber stolpert.

Pflanzen für den Wassergarten

Gestalten mit Wasserpflanzen

Ich liebe Wasserpflanzen. Was für einen Teich sollte ich bauen?

Grundsätzlich können Sie viele verschiedene Wasserpflanzen in jedem Teich anpflanzen. Doch natürlich hängt die Art der Pflanzen in gewisser Weise vom Stil des Gartenteiches ab.

Ein formaler Teich kommt mit weniger verschiedenen Arten aus, die dafür wirkungsvoll angeordnet werden. Dies können beispielsweise hochwüchsige Iris sein, die in einer Ecke eines rechteckigen Teiches gruppiert sind. Auch einige wenige Seerosen in der Mitte eines runden Beckens können einen formalen Teich wirkungsvoll schmücken.

Ein formfreier Teich hingegen kann eine Vielzahl von Pflanzen beherbergen, die von der Teichumgebung ans Ufer und bis ins Wasser hinein reichen. Hier ist die Auswahl an Pflanzen am größten und Sie können das Ufer und die verschiedenen Tiefenzonen nach Herzenslust bepflanzen.

Ein Naturteich ist im Grunde wie ein formfreier Teich, nur dass man hier darauf achten sollte, überwiegend heimische Pflanzen zu haben. Es geht beim Naturteich nicht in erster Linie um die Schönheit der Pflanzen, sondern um ihren Nutzen für die Tiere, die man anlocken will.

Was auch immer Sie bevorzugen – auf gar keinen Fall sollten Sie den Teich so stark bepflanzen, dass man überhaupt kein Wasser mehr sieht. Auf dem Wasser kann das Auge ruhen. Außerdem kann man Fische und andere Tiere beobachten.

Ich liebe Wasserpflanzen, möchte aber keinen Teich. Kann ich Wasserpflanzen in einem anderen Teil des Gartens haben?

Viele Wasserpflanzen gedeihen auch in normalen Beeten, solange die Erde feucht genug ist und niemals austrocknet. Am besten mischen Sie der Erde reichlich Humus bei, der Feuchtigkeit speichert. Natürlich kann man Schwimmpflanzen oder Schwimmblattpflanzen wie Seerosen nur in reichlich Wasser haben, aber viele Pflanzen aus der Flachwasserzone lassen sich im Garten anpflanzen. Für manche Pflanzen hingegen empfiehlt es sich, einen Sumpfgarten anzulegen (siehe Seiten 32–33 und 48–49).

Andere Pflanzen wie Funkien und Farne gedeihen, wenn sie Wasser in der Nähe haben, beispielsweise einen Wasserspeier oder einen Quellstein, denn diese sorgen für hohe Luftfeuchtigkeit und gelegentlich einen Tropfen oder Spritzer auf die Blätter.

Wasser- und Uferpflanzen für Beete und Randbeete

Folgende Pflanzen werden in qualitativ hochwertiger, immer feuchter Erde gedeihen:

- Bunte Houtttuynie (*Houttuynia cordata*)
- Dotterblume (*Caltha spp.*)
- Etagenprimel (*Primula bulleyana*)
- Funkie (*Hosta cvs.*)
- Gauklerblume (*Mimulus spp.*)
- Kastanienblättriges Schaublatt (*Rodgersia aesculifolia*)
- Männerfarn (*Dryopteris filix-mas*)
- Prachtspiere (*Astilbe x arendsii cvs*)
- Rhabarber (*Rheum palmatum*)
- Trollblume (*Trollius y cultorum cvs.*)

Was für einen Gartenteich kann ich anlegen, wenn ich keine Pflanzen darin haben will?

Ein Gartenteich ganz ohne Bepflanzung sieht immer ein bisschen traurig aus. Doch ein formaler Teich wird in erster Linie um seiner Form willen angelegt und nicht so sehr wegen des Inhalts. Ein formaler Teich kann also am ehesten ohne Pflanzen auskommen. Wenn er steril aussieht, kann er mit einem Springbrunnen belebt werden. Semi-formale und formfreie Teiche hingegen brauchen unbedingt Pflanzen, die die äußere Form auflockern und den Teich beleben. Wenn Sie einen Teich ohne Pflanzen, aber mit Fischen möchten, müssen Sie unbedingt einen Teichbelüfter einbauen, der mithilfe einer Pumpe Sauerstoff aus der Luft saugt und ihn ins Wasser bläst.

Wo bekomme ich Pflanzen für meinen Teich?

Der billigste Weg ist natürlich, Nachbarn und Freunde um Ableger zu bitten. Doch das Billigste ist nicht immer das Beste, und es besteht die Gefahr, dass Sie kranke Pflanzen in Ihren Teich pflanzen. Außerdem ist es hilfreich, wenn Sie vorab genau wissen, was Sie wollen, denn manche Teichbesitzer sind nur zu froh, wuchernde Pflanzen wie die Wasserlinse (*Lemna spp.*) loszuwerden. Am besten, Sie informieren sich ausgiebig über Pflanzen, bevor Sie Geschenke von allen Seiten annehmen.

Ein weiteres Risiko bei geschenkten Pflanzen ist, dass die Pflanze Algen mitbringt, die sich in Ihrem Teich ausbreiten. Prüfen Sie geschenkte Pflanzen genau und waschen Sie die Erde von den Wurzeln, um sicherzustellen, dass auch unerwünschte Krankheiten und Samen entfernt werden.

Der teurere und meist bessere Weg ist, ein Geschäft aufzusuchen, das sich auf Wasserpflanzen spezialisiert hat. Hier können Sie ziemlich sicher sein, dass die Pflanzen gesund sind und von guter Qualität.

Außerdem kann der Fachhändler Sie beraten, welche Pflanzen für Ihren Teich geeignet sind, wie man sie einpflanzt und pflegt. Es gibt auch viele Fachhändler, die einen Internet-Versand für Pflanzen und Samen betreiben.

Pflanzenarten

Worin unterscheiden sich die verschiedenen Arten von Wasserpflanzen?

Wasserpflanzen werden nach dem Standort, an dem sie wachsen, unterschieden. Es gibt Unterwasserpflanzen, die unterhalb der Wasseroberfläche leben und in erster Linie dazu dienen, das Wasser zu reinigen und mit Sauerstoff anzureichern. Außerdem gibt es die Gruppe der Schwimmblatt-Pflanzen (dazu gehört die Seerose, siehe Foto links), deren Wurzeln bis zum Grund des Teiches reichen, aus dem sie Nährstoffe ziehen, während die Blätter und Blüten über Wasser sind. Auf den ersten Blick ähneln diesen die Schwimmpflanzen; sie haben aber nur kurze Wurzeln und ziehen alle notwendigen Nährstoffe aus dem Wasser. Näher am Uferrand finden wir die Flachwasserpflanzen, unter denen viele auch im Sumpfgarten oder in anderen Teilen des Gartens gedeihen. Die Pflanzen für den Uferrand wachsen auf festem Boden, der allerdings immer feucht sein muss.

Arten von Wasserpflanzen

Im Folgenden finden Sie die fünf Haupttypen von Wasserpflanzen. Ein gut geplanter Teich sollte Pflanzen aus jeder Gruppe haben.

- Unterwasser-Pflanzen
- Schwimmblatt-Pflanzen
- Schwimmpflanzen
- Flachwasser-Pflanzen
- Wasserrand-Pflanzen

Benötigen manche Wasserpflanzen tieferes Wasser als andere?

Bevor Sie anfangen, Ihren Teich zu bepflanzen, lesen Sie genau nach, welche Wassertiefe für welche Pflanzen empfohlen wird, denn einige Wasserpflanzen haben sich an tieferes Wasser angepasst, während andere auch in der Flachwasserzone überleben. Grundsätzlich sind manche Pflanzen relativ anpassungsfähig und gedeihen in allen Tiefenzonen des Teiches. Normalerweise ist die angegebene Wassertiefe die Tiefe, in der sich der Wurzelballen der jeweiligen Pflanze befindet, nicht die Tiefe des Teiches. Deshalb ist es so wichtig, beim Teichbau mehrere Stufen zu bauen, um damit verschiedene Tiefenzonen zu kreieren, in denen sich unterschiedliche Pflanzen wohl fühlen.

Seerosen sind bekannt dafür, dass sie relativ tiefes Wasser benötigen. Es wird empfohlen, ein Pflanzgefäß mit Seerosen zunächst auf mehrere Ziegelsteine zu stellen, die nach und nach entfernt werden, so dass die Seerose immer in der richtigen Wassertiefe lebt.

Gibt es Pflanzen, die man besser meiden sollte?

Es gibt in jeder Kategorie Pflanzen, die sich enorm schnell ausbreiten und damit alles andere Leben im Gartenteich erschweren. Wenn Sie sich nicht andauernd um Ihren Teich kümmern können oder möchten, sollten Sie diese Pflanzen meiden. Wenn Sie hingegen viel Zeit für die

Pflege des Teiches haben, können Sie diese Pflanzen regelmäßig radikal zurückschneiden oder ausdünnen. Manche Pflanzen, die sich im Teich extrem schnell ausbreiten, können in trockeneren Teilen des Gartens leichter kontrolliert werden, aber andere Pflanzen, beispielsweise der Große Algenfarn (*Azolla filiculoides*), sind in ihrer natürlichen Umgebung nicht leicht unter Kontrolle zu bringen und sollten keinesfalls irgendwo entsorgt werden, wo sie sich rasend schnell ausbreiten und heimische Pflanzen gefährden.

Im Fachhandel bekommen Sie exotische Pflanzen aus aller Welt – wählen Sie mit großer Vorsicht. Manche Pflanzen, beispielsweise Wasserpest (*Elodea canadensis*) und Tausendblatt (*Myriophyllum aquaticum*) können innerhalb kurzer Zeit den ganzen Teich dominieren und sind nur sehr schwer auszurotten. Auch einige heimische Pflanzen sind für den Gartenteich zu dominant, beispielsweise der Große Rohrkolben (*Typha latifolia*). Seine Wurzeln sind so stark, dass sie die Teichfolie beschädigen können.

Pflanzen, die sich für einen kleinen Teich nicht eignen

Folgende Pflanzen sollten nur nach reiflicher Überlegung gekauft oder ganz gemieden werden:

- Großer Algenfarn (*Azolla filiculoides*)
- Großer Rohrkolben (*Typha latifolia*)
- Riesensüßgras (*Glyceria maxima var.*)
- Tausendblatt (*Myriophyllum aquaticum*)
- Wasserlinse (*Lemna spp.*)
- Wasserpest (*Elodea canadensis*), siehe Foto links

Unterwasserpflanzen

Was sind Unterwasserpflanzen?
Unterwasserpflanzen wachsen unterhalb der Wasseroberfläche. Es mag auf den ersten Blick sinnlos erscheinen, im Teich Pflanzen zu haben, die man kaum sieht und die keine Blüten haben, aber die Unterwasserpflanzen erfüllen wichtige Aufgaben, wenn es um die Wasserqualität geht. Sie produzieren Sauerstoff, der das Wasser anreichert. Der Sauerstoff sorgt nicht nur dafür, dass das Wasser sauber bleibt, sondern ist auch lebensnotwendig für viele Pflanzen und Tiere, unter anderem Fische.

Die Unterwasserpflanzen halten außerdem Algen in Schach, da sie mit ihnen um Nährstoffe im Wasser konkurrieren. Außerdem können Fische an den Pflanzen laichen. Wenn Sie einen gesunden Teich mit klarem Wasser möchten, sollten Sie unbedingt einige Unterwasserpflanzen einsetzen.

Gibt es Unterwasserpflanzen, die ich meiden sollte?

Leider sind einige der Sauerstoff produzierenden Unterwasserpflanzen extrem starkwüchsig. Wenn man sie nicht regelmäßig schneidet, können sie sich schnell im ganzen Teich ausbreiten. Besonders schlimm ist die so genannte Wasserpest (*Elodea canadensis*), die auf dem Foto oben rechts abgebildet ist. Auf der anderen Seite sorgt sie auch für große Mengen Sauerstoff und ist im Gartengeschäft leicht zu bekommen. Wenn Sie bereit sind, während des Sommers ein- bis zweimal per Hand oder mit dem Rechen (siehe Foto oben links) große Mengen der Pflanze aus dem Teich zu holen, dürfte es keine Probleme geben. Prüfen Sie die herausgeholten Pflanzenteile auf versehentlich mitgenommene Fische oder andere Lebewesen, die Sie wieder in den Teich zurückgeben möchten.

Unterwasserpflanzen

Folgende Unterwasserpflanzen, die Sauerstoff produzieren, bekommen Sie im Fachgeschäft:

- Krauses Laichkraut (*Potamogeton crispus*)
- Nadelsimse (*Eleocharis acicularis*)
- Quellmoos (*Fontinalis antipyretica*)
- Tausendblatt (*Myriophyllum aquaticum*)
- Wasserfeder (*Hottonia palustris*), siehe Foto oben links
- Wasserhornkraut (*Ceratophyllum demersum*), siehe Foto oben rechts
- Wasserpest (*Elodea canadensis*)
- Wasserstern (*Callitriche*)

Wie pflanze ich Unterwasserpflanzen?

Die meisten Unterwasserpflanzen müssen nicht in einen Topf gepflanzt werden. Meist kauft man sie in Bündeln und nicht wie eine typische Topfpflanze. Wenn sie nicht bereits mit etwas Blei zusammengebunden sind, befestigen Sie selbst ein Gewicht (es kann auch ein Stein sein) an dem Pflanzenbündel und versenken Sie es dann im Teich.

Wie viele Sauerstoff produzierende Pflanzen brauche ich im Teich?

Das hängt natürlich von der Größe des Teiches ab. Ein halbiertes Holzfass kommt mit ein bis zwei Unterwasserpflanzen aus. Wer einen größeren Teich hat, sollte verschiedene Arten wählen; als Faustregel gilt ein Pflanzenbündel für 30 x 30 cm Wasseroberfläche, wobei die Flachwasserzone am Rand nicht mitzählt.

Schwimmpflanzen

Was sind Schwimmpflanzen?

Schwimmpflanzen sind Wasserpflanzen, die auf der Wasseroberfläche treiben und oft große Flächen einnehmen. Sie haben kurze Wurzeln, die ins Wasser hängen, aber nicht bis auf den Grund des Teiches reichen. Schwimmpflanzen holen sich alle benötigten Nährstoffe direkt aus dem Wasser.

Von wenigen Ausnahmen abgesehen, sind Schwimmpflanzen nicht besonders attraktiv, aber sie spielen eine wichtige Rolle in einem gesunden Teich. Sie bieten Fischen und anderen Lebewesen Schatten und Versteckmöglichkeiten vor Jägern, ohne dass sie unter Wasser viel Platz beanspruchen.

Gibt es Schwimmpflanzen, die ich meiden sollte?

Unter idealen Bedingungen werden sich alle hier aufgeführten Schwimmpflanzen schnell und fast unendlich ausbreiten. Sie können aber auch ganz einfach mit einem Netz aus dem Teich geholt werden, wenn sie überhand nehmen.

Eine sehr wildwüchsige Pflanze ist der Große Algenfarn (*Azolla filiculoides*), eine niedrige Pflanze mit hübschen rötlichen Blättern. Besonders in kleinen Teichen sieht er sehr attraktiv aus. Da er sich schnell ausbreitet, muss man ihn regelmäßig ausdünnen. Eine natürliche Ausdünnung erfolgt in sehr kalten Wintern ohnehin. Doch wenn der Große Algenfarn ungehindert wachsen darf, kann er natürliche Wasserläufe und Teiche ersticken. Also bitte niemals in der freien Natur entsorgen.

Die meisten Arten der Wasserlinse (*Lemna*) breiten sich ebenfalls schnell aus und bedecken die ganze Oberfläche des Wassers mit einem grünen Teppich (siehe Foto gegenüberliegende Seite). Außer der Dreifurchigen Wasserlinse (*Lemna trisulca*), die man mit dem Netz herausfischen kann, sollten Sie keine Wasserlinse in Ihrem Teich haben.

Wie pflanze ich Schwimmpflanzen?

Das Einsetzen von Schwimmpflanzen ist ein Kinderspiel: Geben Sie die Pflanzen vorsichtig auf die Wasseroberfläche, das ist alles.

Viele Schwimmpflanzen sind kälteempfindlich. Wenn der Teich an einer kalten, dem Wind ausgesetzten Stelle im Garten liegt, empfiehlt es sich, einen kleinen Teil der Pflanzen über Winter in einem frostfreien Raum (beispielsweise im Gewächshaus) aufzuheben. Im nächsten Frühling kann man sie in den Teich geben, falls starker Frost alle dortigen Pflanzen vernichtet hat.

Wie viele Schwimmpflanzen sollte ich haben?

In einem gesunden Gartenteich sollte etwa ein Drittel der gesamten Wasseroberfläche mit Blättern bedeckt sein. Diesen Platz müssen sich die Schwimmpflanzen allerdings mit den Schwimmblattpflanzen (siehe Seiten 88–89), zu denen die Seerosen gehören (siehe Seiten 90–91), teilen. Die meisten der unten aufgeführten Schwimmpflanzen breiten sich sehr schnell aus und sollten im Frühjahr in den Teich gesetzt werden, bevor die Schwimmblattpflanzen und Seerosen ihren Höhepunkt erreichen. Beobachten Sie das Ausbreiten und dünnen Sie mit dem Netz aus, wenn nötig.

Schwimmpflanzen

Folgende Pflanzen sind dekorativ und nützlich. Winterhart sind allerdings nur der Vierblättrige Kleefarn und die Krebsschere.

- Dreifurchige Wasserlinse (*Lemna trisulca*)
- Froschbiss (*Hydrocharis morsus-ranae*)
- Großer Algenfarn (*Azolla filiculoides*)
- Krebsschere (*Stratiotes aloides*)
- Vierblättriger Kleefarn (*Marsilea quadrifolia*)
- Wasserhyazinthe (*Eichhornia crassipes*), siehe Foto links
- Wassersalat (*Pistia stratiotes*)
- Wasserschlauch (*Utricularia vulgaris*)

Schwimmblattpflanzen

Was sind Schwimmblattpflanzen?

Die Pflanzen in dieser Gruppe ähneln den Schwimmpflanzen (siehe Seiten 86–87) und viele haben wie diese fast runde Blätter. Der Hauptunterschied ist, dass Schwimmblattpflanzen lange Wurzeln haben, die bis zum Grund des Teiches reichen, wo die Pflanzen sich Nährstoffe aus dem Boden holen. Die bekannteste Schwimmblattpflanze ist die Seerose (siehe Seiten 90–91), von der es Hunderte Sorten gibt. Aber außer der Seerose gibt es noch viele andere attraktive Schwimmblattpflanzen.

Warum sollte ich Schwimmblattpflanzen im Teich haben?

Die Schwimmblattpflanzen belegen Platz an der Wasseroberfläche und wirken damit Algen entgegen. Außerdem sind sie optisch schöner als die meisten Unterwassser- und Schwimmpflanzen, da viele von ihnen Blüten haben. Diese Blüten sind oft ganz besonders auffällig und groß. Die Schwimmblattpflanzen, die auf der gegenüberliegenden Seite aufgeführt sind, können alle in Teichen mit bewegtem Wasser gehalten werden und sind nicht so anspruchsvoll in Bezug auf den Standort wie die Seerose.

Wie pflanze ich Schwimmblattpflanzen?

Schwimmblattpflanzen müssen in mindestens 30 cm tiefem Wasser leben und ihre Wurzeln brauchen Erde. Am besten benutzt man Gitterkörbe, die es im Fachhandel gibt (siehe Foto oben). Die Pflanzen werden in den Korb gepflanzt und dieser wird anschließend ins Wasser gesenkt (siehe Seiten 98–99). Wer viel Erde auf dem Teichgrund hat, kann sie auch direkt im Teich wachsen lassen.

Schwimmblattpflanzen

Die folgenden Pflanzen breiten ihre Blätter auf der Wasseroberfläche aus und spenden Schatten. Sie sind alle winterhart und gute Alternativen zur anspruchsvollen Seerose, da sie auch in weniger Sonnenlicht gedeihen. Sie können in bewegtem Wasser leben.

- Gemeine Seekanne (*Nymphoides peltata*),siehe Foto rechts
- Goldkeule (*Orontium aquaticum*)
- Japan-Teichrose (*Nuphur japonica*)
- Sumpf-Teichrose (*Nuphur avena*)
- Wasserähre (*Aponogeton distachyos*), siehe Foto gegenüberliegende Seite links
- Wasser-Hahnenfuß (*Ranunculus aquaticus*), siehe Foto unten
- Wasserknöterich (*Persicaria amphibia*)

Der pH-Wert des Wassers

Der pH-Wert des Wassers im Teich ist sehr wichtig für Pflanzen und Fische. Es gibt im Fachhandel ganz einfache Testsets, mit denen man die Werte des Wassers im Teich prüfen kann. Der optimale pH-Wert liegt zwischen 7 und 8. Wenn der Wert höher ist, liegt es oft daran, dass Kalk aus unzureichend versiegelten Betonwänden ins Wasser gelangt ist. Wenn der alkalische Anteil zu hoch ist, können Pflanzen nicht mehr die benötigten Nährstoffe, insbesondere Eisen, aufnehmen und Fische bekommen leicht Krankheiten an den Kiemen. Wenn hingegen der Säureanteil zu hoch ist, nehmen die Pflanzen nicht genügend Phosphate auf, wodurch ihre Blätter gelb oder braun werden. Fische erkranken ebenfalls leicht. Wenn der pH-Wert nur gering vom Optimum abweicht, kaufen Sie im Fachhandel ein Produkt zur Korrektur.

Seerosen

Ich möchte gerne Seerosen haben. Muss der Teich dafür sehr tief sein?
Die meisten Seerosen gedeihen am besten in tiefem Wasser, aber es gibt auch einige kleine Züchtungen, die sogar in einem halbierten Holzfass leben können. Für einen tiefen Teich gibt es hingegen eine riesige Auswahl. Beim Kauf müssen Sie darauf achten, dass die erforderliche Pflanztiefe für die Seerose in Ihrem Teich vorhanden ist, sonst wird die Pflanze eher nicht gedeihen.

Stimmt es, dass man Seerosen nicht unterhalb eines Springbrunnens pflanzen sollte?
Seerosen vertragen bewegtes Wasser gar nicht, und daher sollten sie nicht in unmittelbarer Nähe eines Springbrunnens oder Wasserfalls gepflanzt werden, wo die Blätter ständig nass werden. Am besten schützen Sie Ihre Seerosen auch vor Wasserbewegungen, die durch starken Wind verursacht werden. Das können Sie tun, indem Sie an dem Uferrand, der dem stärksten Wind zugewandt ist, Seggen oder Binsen pflanzen.

Die Seerosen in meinem Teich breiten sich sehr schnell aus. Gibt es ähnliche Pflanzen, die langsamer wachsen?
Es gibt sehr viele Seerosen, von denen sich manche extrem schnell ausbreiten, wie Sie gesehen haben. Es gibt aber auch Sorten, die etwas weniger Platz brauchen. Wenn Sie weiterhin Seerosen im Teich haben möchten, sollten Sie ein Fachgeschäft aufsuchen und sich die weniger wuchernden Züchtungen ansehen. Die im Folgenden aufgelisteten Seerosen sind winterhart und breiten sich etwa 1,2 m aus. Die angegebene Pflanztiefe bezieht sich auf ausge-

wachsene Pflanzen. Wenn Sie Ihre schnellwüchsigen Seerosen behalten möchten, müssen Sie sie regelmäßig zurückschneiden. Es gibt natürlich noch viele andere Schwimm- und Schwimmblattpflanzen, die Sie im Teich pflanzen können (siehe Seiten 86–87 und 88–89), aber die meisten breiten sich stark aus.

- Seerose „Firecrest“: rosa, 30–45 cm
- Seerose „Gonnere“: weiß, 30–45 cm
- Seerose „James Brydon“: rosenrot; 30–45 cm
- Seerose „Marliacea Albida“: weiß, 30–45 cm
- Seerose „Odorata Sulphurea Grandiflora“: gelb, 30–45 cm
- Seerose „Pink Sensation“: pink, 30–45 cm
- Seerose „Radiant Red“: rot, 30–45 cm
- Seerose „Vesuv“: rot, 30–45 cm
- Seerose „Virginalis“: weiß, 37–45 cm
- Seerose „William Falkoner“: rot, 45–75 cm

Gibt es eine spezielle Technik für die Vermehrung von Seerosen?

Die einfachste Methode der Vermehrung ist, die Seerosen aus dem Wasser zu holen, vorsichtig in mehrere Teile zu teilen und an verschiedenen Stellen im Teich wieder einzusetzen. Allerdings geht das nicht immer. Eine sichere Methode ist, die Seerosen durch ihre so genannten Augen zu vermehren, wenn sie im Frühsommer anfangen zu wachsen. Diese Augen findet man an den Wurzeln der Seerosen; sie sehen aus wie kleinen Knospen.

Nehmen Sie die Pflanze aus dem Wasser und schneiden Sie mit einem sehr scharfen Messer so viele Augen wie möglich von den Wurzeln ab. Geben Sie die Pflanzen wieder in den Teich. Pflanzen Sie die Augen in kleine Töpfe mit Spezialerde und stellen sie auf ein Tablett mit Wasser, so dass der Kompost knapp mit Wasser bedeckt ist.

Später können Sie die neuen Seerosen in den Teich pflanzen; je größer die Pflanzen sind, desto tiefer müssen sie im Teich versenkt werden. Wenn Sie die Seerosen ins Wasser geben, sollten Sie den Pflanzkorb zunächst auf ein paar Ziegelsteine stellen, die Sie nach und nach entfernen, wenn die Pflanze wächst.

Kleine Seerosen

Folgende Seerosen gedeihen auch in kleinen Gefäßen. Die angegebene Pflanztiefe bezieht sich auf die Wassertiefe, in der sich der Wurzelstock befindet, nicht die Tiefe des Teiches.

- Seerose „Aurora“: hellgelbe Blüten, die orange-rot werden, 30–45 cm
- Seerose „Ellisiana“: duftend, hellrote Blüten, 30–45 cm
- Seerose „Froebel“: dunkelrote Blüten, 30 cm
- Seerose „Laydekeri“: duftend, blutrote Blüten, 30–45 cm
- Seerose „Paul Hariot“: gelb bis rot, 15–30 cm
- Seerose „Pink Opal“: rosa, 15–23 cm
- Seerose „Pygmea Helvola“: hellgelbe Blüten, 15–23 cm
- Seerose „Pygmea Rubra“: tiefrosa, 15–23 cm
- Seerose „Ray Davies“: rosa, 30–45 cm
- Seerose „Tetragona“: weiß, 15–30 cm

Pflanzen für das Flachwasser und den Wasserrand

Was sind Pflanzen für das Flachwasser und den Wasserrand?

Diese Pflanzen wachsen in sumpfigem Boden oder flachem Wasser an den Rändern des Teiches. In einem sehr flachen Teich können sie auch bis zur Teichmitte gedeihen. Alle Pflanzen für den Wasserrand wachsen in stehendem und bewegtem Wasser; manche Pflanzen für den Sumpfgarten können am Wasserrand verwendet werden, doch nicht alle gedeihen direkt im Wasser. Die Pflanzen für den Wasserrand sind dafür da, die Ränder des Teiches zu definieren und gleichzeitig zu kaschieren. Sie sind für fast alle Teiche wichtig, besonders aber für formfreie Teiche, wo Pflanzen am Ufer ganz besonders zum naturnahen, ungekünstelten Eindruck beitragen.

Die Wassertiefe, in der Flachwasserpflanzen gedeihen, liegt zwischen feuchter, schlammiger Erde und 30 cm. Manche Pflanzen in dieser Gruppe wachsen sehr hoch, andere kriechen über den Schlamm oder das Wasser. Die Blätter sind sehr unterschiedlich und reichen von den schmalen schlanken Blättern der verschiedenen Schwertlilien zu den breiten Blättern der Scheincalla.

Gibt es Flachwassserpflanzen, die sich nicht für einen kleinen Teich eignen?

Manche Pflanzen dieser Gruppe, beispielsweise der Große Rohrkolben (*Typhus latifolia*), breiten sich extrem schnell aus und sollten wirklich nur an großen Teichen angepflanzt werden. Einige Gräser und Seggen sind ebenfalls sehr wuchsfreudig, können aber bei regelmäßiger Pflege in Schach gehalten werden. Der Großteil der Flachwasserpflanzen bildet große Flächen oder Gruppen, breitet sich aber nicht übermäßig aus.

Wie pflanze ich Flachwasserpflanzen?

Es gibt verschiedene Methoden, und die Wahl hängt hauptsächlich von der Art Ihres Teiches ab. Wenn der Teich mit Folie ausgelegt ist, verwendet man am besten Gitterkörbe. Sobald man die Pflanzen in die Körbe eingesetzt hat, stellt man die Körbe – entsprechend den Ansprüchen der jeweiligen Pflanze – auf die passende Stufe der Flachwasserzone.

Wenn Sie Erde am Teichgrund haben, können die Pflanzen auch direkt dort eingepflanzt

Pflanzen für Flachwasserzone und Wasserrand

Folgende Pflanzen eignen sich für einen kleinen bis mittelgroßen Teich. Die meisten sind winterhart. Im Frühling besteht jedoch immer die Gefahr, dass Frost besonders frühe Blüten erwischt.

- Asiatische Wasserschwertlilie mit gestreifte Blättern (*Iris laevigata*), siehe Foto unten
- Bachehrenpreis (*Veronica beccabunga*)
- Blutweiderich (*Lysichiton americanus*)
- Gelbe Schwertlilie (*Iris pseudacoris*)
- Grüner Pfeilaronstab (*Peltandra virginica*)
- Hechtkraut (*Pontederia cordata*), siehe Foto links
- Krähenfuß-Laugenblume (*Cotula coronopifolia*)
- Sumpfdotterblume (*Caltha palustris*), siehe Foto gegenüberliegende Seite oben links
- Sumpf-Vergissmeinnicht (*Myosotis scorpionoides*)

werden; seien Sie vorsichtig, wenn Sie sich beim Einpflanzen nach vorne beugen. Am besten gehen Sie mit Gummistiefeln so weit wie möglich in den Teich hinein und graben dann ein Loch in die Erde. Wenn Sie bei der Planung des Gartenteiches schon wissen, dass Sie die Flachwasserzone üppig bepflanzen möchten, können Sie eine niedrige Stufe am Teichrand bauen, die so mit Erde gefüllt wird, dass sie teilweise oder ganz unter der Wasseroberfläche ist. Dies wäre ein idealer Standort für viele verschiedene Flachwasserpflanzen.

Frostempfindliche Wasserpflanzen

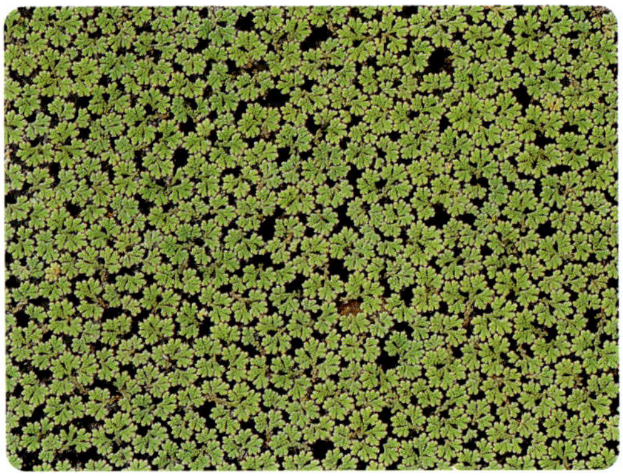

Sind alle Wasserpflanzen winterfest?
Leider nicht. Viele wunderschöne Wasserpflanzen, unter anderem auch einige Seerosen, die man im Fachgeschäft bekommt, sind im Grunde gar nicht für Teiche im Freien geeignet, sondern eigentlich für das Leben drinnen bestimmt. Da die meisten von uns aber eher einen Teich im Garten haben, empfiehlt es sich, bestimmte Pflanzen in frostfreier Umgebung zu überwintern. Sie können ganze Pflanzen oder Ableger überwintern und nach dem Ende der Frostperiode wieder nach draußen in den Teich setzen.

Manche Pflanzen sind semi-winterhart, beispielsweise der Große Algenfarn (*Azolla filiculoides*, siehe Foto links) und Tausendblatt (*Myriophyllum aquaticum*). Das bedeutet, dass sie im Sommer stark wachsen und im Winter auf einige wenige Pflanzen reduziert werden, was in diesem Fall durchaus wünschenswert ist.

Oft kann man frostempfindliche Pflanzen in einem Stadtgarten, der relativ geschützt ist, durchaus durch den Winter bringen. Doch zur Beruhigung sollten Sie trotzdem ein paar Ableger im Gewächshaus überwintern.

Welche Seerosen sind frostempfindlich?
Leider sind viele wunderschöne Seerosen nicht winterhart. Dazu gehören sowohl Seerosen, die tagsüber blühen, als auch andere Sorten, die nachts blühen, und manche, die wunderbar duften. Die folgenden Tagblüher haben blaue Blüten, wenn es nicht anders angegeben ist:

Frostempfindliche Wasserpflanzen

Die folgenden Pflanzen sind nicht winterhart und überleben nicht im Freien, wenn die Temperaturen im Winter mehr als zwei Tage unter –1 bis –4° C liegen.

- Argentinische Wasserpest (*Egeria densa*)
- Caroline-Haarnixe (*Cabomba caroliniana*)
- Heilige Lotusblume (*Nelumbo spp.*), siehe Foto gegenüberliegende Seite unten
- Mini-Papyrus (*Cyperus haspan*)
- Tausendblatt (*Myriophyllum aquaticum*)
- Schmalblättriges Speerblatt (*Anubias afzelii*)
- Taro (*Colocasia eesculenta*)
- Wasserhyazinthe (*Eichhornia crassipes*)
- Wassernuss (*Trapa natans*), siehe Foto links
- Wassersalat (*Pistia stratiotes*)

- Gelbe Seerose (gelbe Blüten)
- Himmelblaue Seerose (*Nymphaea caerulea*), siehe Foto oben
- Lotosblume (*Nymphaea lotus*) (rosa-weiße Blüten, manchmal Nachtblüher)

- Riesenseerose (*Nymphaea gigantea*)
- Seerose „Aviator Pring" (gelbe Blüten)
- Seerose „Blue Beauty" (duftend)
- Seerose „Capensis"
- Seerose „Capensis rosea" (rosa Blüten)
- Seerose „Daubenyana"
- Seerose „General Pershing" (blau-rosa Blüten)
- Seerose „Independence" (rosenrote Blüten)
- Seerose „St. Louis" (duftend, gelbe Blüten)

Folgende Seerosen blühen bei Nacht:
- „Emily Grant Hutching" (dunkelrosa Blüten)
- „Red Flare" (dunkelrote Blüten)
- „Sir Galahad" (weiße Blüten)
- „Wood´s White Knight" (weiße Blüten)

Wer keine Überwinterungsmöglichkeit für Seerosen hat, sie aber trotzdem wegen ihrer Schönheit oder ihres Duftes haben möchte, sollte sie einfach wie einjährige Pflanzen behandeln.

Pflanzen für den Uferbereich

Was sind Pflanzen für den Uferbereich?
Dies sind Pflanzen, die neben dem Teich wachsen, aber nicht im Wasser. Wenn sich an den Teich ein Sumpfgarten anschließt, gedeihen dort Sumpfpflanzen (siehe Seiten32–33), doch in den meisten Fällen handelt es sich um ganz normale Gartenpflanzen, die in gewöhnlicher Gartenerde wachsen.

Manche Uferpflanzen mögen es feuchter und eignen sich sehr gut für den Uferbereich, beispielsweise Geißbart (*Aruncus dioicus*) und Funkien (*Hosta*). Andere gewöhnliche Gartenpflanzen wie Frauenmantel (*Alchemilla mollis*) sehen besonders schön am Teichufer aus, wenn sie über die Wasseroberfläche hängen.

Einige Bäume und Sträucher eignen sich ebenfalls für den Uferrand, vor allem die Trauerweide (*Salix babylonica*). Bedenken Sie aber, dass dieser Baum sehr groß wird und entsprechend viel Platz in Anspruch nehmen wird. Natürlich gibt es viele andere Bäume und Sträucher für den Uferbereich.

Werden Pflanzen im Uferbereich auf herkömmliche Weise gepflanzt?
Ja. Die Uferpflanzen sind ganz gewöhnliche Pflanzen, die neben einem Gewässer leben. Mischen Sie reichlich organisches Material unter die Erde, bevor Sie die Pflanzen einsetzen.

Graben Sie ein Loch, das etwas größer ist als der Wurzelballen der Pflanze. Setzen Sie die Pflanze in die Mitte des Lochs und breiten Sie die Wurzeln ein bisschen aus. Die Pflanze sollte in der gleichen Tiefe gepflanzt werden, in der sie vorher im Topf saß. Verteilen Sie Erde rund um den Wurzelballen und drücken Sie diese leicht an. Danach gründlich gießen.

Ich habe sehr viele gelbe Pflanzen am Teichufer. Welche blauen Pflanzen kann ich damit kombinieren?

Es gibt viele Pflanzen mit blauen Blüten, die sich hervorragend für die Uferbepflanzung eignen; sie sind allerdings weniger auffällig als gelbe.

Folgende Pflanzen eignen sich fürs Teichufer:

- Bachehrenpreis (*Veronica beccabunga*)
- Blaue Sumpfiris (*Iris versicolor*)
- Hechtkraut (*Pontederia cordata*)
- Japanische Sumpfiris (*Iris laevigata*)
- Sumpf-Vergissmeinnicht (*Myosotis scorpionides*)

Folgende Pflanzen mit blauen Blüten gedeihen in feuchter Erde, mögen es aber nicht ständig nass:

- Asiatische Sumpfschwertlilie (*Iris ensata*)
- Gefülltes Wiesenschaumkraut (*Cardamine pratense*)
- Primel (*Primula spp.*)
- Staudenlobelie (*Lobelia gerardii*)
- Wiesenschwertlilie (*Iris sibirica*)

Kann ich die Pflanzen im Uferbereich mit chemischem Dünger und Insektiziden behandeln?

Es wäre auf alle Fälle besser, in der Nähe des Teiches keinerlei Chemikalien zu verwenden; Fische sind sehr empfindlich und spüren die geringste Veränderung des Wassers. Außerdem ist einer der Hauptgründe für Algen im Teich die erhöhte Menge an Stickstoff, die durch Dünger verursacht wird, der vom Garten in den Teich gelangt. Auch wenn Sie sehr vorsichtig im Umgang mit den Chemikalien sind, werden sie mit heftigem Regen in den Teich gelangen. Verwenden Sie Kompost und organischen Dünger.

Pflanzen für den Uferbereich

Folgende Pflanzen eignen sich für die direkte Umgebung Ihres Teiches. Sie sind keine Wasserpflanzen und gedeihen nicht, wenn ihre Wurzeln andauernd im Wasser stehen:

- Bach-Nelkenwurz (*Geum regale*)
- Frauenmantel (*Alchemilla mollis*)
- Funkien (*Hosta*)
- Gewöhnlicher Rippenfarn (*Blechnum spicant*)
- Kastanienblättriges Schaublatt (*Rodgersia aesculifolia*)
- Primel (*Primula spp.*), siehe Foto rechts oben
- Rhabarber (*Rheum palmatum*)
- Sommerknotenblume (*Leucojum aestivum*)
- Weißbunter Hartriegel (*Cornus stolonifera*)
- Weißer Hartriegel (*Cornus alba*), siehe Foto rechts

Einpflanzen von Wasserpflanzen

Wie pflanze ich, wenn im Teich keine Erde ist?

Grundsätzlich ist es möglich, eine Erdschicht auf die Teichfolie zu geben und Pflanzen dort hinein zusetzen. Doch die meisten Gärtner bevorzugen es, Teichpflanzen in Gitterkörbe zu pflanzen, und diese Methode hat einige Vorteile: Es ist einfacher, Pflanzen in der Teichmitte einzusetzen; man kann die Pflanzen leichter herausholen und teilen, ohne dabei Gefahr zu laufen, die Teichfolie zu beschädigen; die Gitterkörbe schränken das Wachstum der starkwüchsigen Pflanzen etwas ein und halten sie in überschaubaren Gruppen zusammen.

Die meisten Teiche werden mit verschieden hohen Tiefenzonen und sanft abfallenden Wänden konstruiert. Dadurch gibt es ausreichend Platz für viele Pflanzgefäße in verschiedenen Wassertiefen.

Kompost für Wasserpflanzen

Verwenden Sie keinen Kompost, der nicht mit Erde vermischt ist. Das leichte, faserige Material wird bald auf den Boden des Teiches absinken, so dass die Pflanzenwurzeln nicht mehr bedeckt sind. Kaufen Sie speziell mit Erde vermischten Kompost für den Unterwassergebrauch.

Welche Gefäße eignen sich am besten für Pflanzen im Wasser?

Gitterkörbe sind ideal. Sie ähneln gewöhnlichen Plastiktöpfen, nur dass die Seiten aus Gitter bestehen, damit die Wurzeln ständig von frischem Wasser umgeben sind. Außerdem können die Wurzeln sich durch das Gitter ausbreiten. Natürlich kann auch die Erde durch das Gitter entweichen, und daher empfiehlt es sich, die Körbe mit etwas Jute auszulegen, die man im Gartengeschäft bekommt.

Seit einiger Zeit gibt es Pflanzkörbe mit so feinem Gitter, dass man sie nicht mehr auslegen muss. Außerdem gibt es als Alternative Pflanztaschen aus Kokosmaterial und weiche Beutel aus Plastik- oder Kokosmaterial.

Wie bepflanze ich einen Gitterkorb?

Wählen Sie einen Korb aus, der groß genug ist für den Wurzelballen der Pflanze. Wenn nötig, legen Sie den Korb mit Jute aus. Geben Sie die Pflanze in die Mitte des Korbes und füllen Sie rund um die Wurzeln spezielle Teicherde ein. Klopfen Sie die Erde vorsichtig fest. Füllen Sie so viel Erde ein, dass die Wurzeln komplett davon bedeckt sind und keine Luftlöcher in der Erde sind. Die Erde sollte bis etwa 1 cm unter den Rand des Korbes reichen. Geben Sie eine Schicht Kies auf die Erde, dadurch werden sowohl die Erde als auch die Pflanze im Korb gehalten, wenn Sie ihn ins Wasser setzen.

Wässern Sie die Pflanze ausgiebig und setzen Sie den Korb dann in den Teich.

Versenken eines Pflanzkorbes in tiefem Wasser

1

1 Schnüre werden so durch die Seiten des Korbes gezogen, dass sie auf der Erde liegen.

2

2 Der Korb wird vorsichtig angehoben

3

3 Der Korb wird vorsichtig an die richtige Stelle manövriert und dann gleichmäßig langsam ins Wasser versenkt.

● Wie setze ich Pflanzen in die Mitte des Teiches?

Die Bepflanzung der Flachwasserzone ist relativ einfach, doch zur Mitte des Teiches hin wird es etwas schwieriger.

Eine Möglichkeit ist, mit langen Gummistiefeln in den Teich zu waten und die Pflanzen an Ort und Stelle zu versenken. Wenn Sie das nicht möchten oder der Teich zu tief ist, gibt es eine gute Methode, für die Sie allerdings einen Helfer brauchen (siehe Abbildungen 1–3 oben). Ziehen Sie zwei lange Stücke feste Schnur quer durch die Pflanzkörbe, so dass die Schnur auf der Erde liegt (1). Jeder hält die Enden der beiden Schnüre so fest, dass man den Pflanzkorb hochheben kann (2). Einer geht zur anderen Seite des Teiches, so dass der Pflanzkorb über der Teichmitte „schwebt". Wenn der Pflanzkorb an der richtigen Stelle ist, lassen Sie beide ihn vorsichtig und langsam ins Wasser gleiten (3). Achten Sie darauf, dass Sie im gleichen Tempo Schnur geben, sonst kippt er um. Wenn der Korb am Grund angekommen ist, lässt einer die Schnüre los und der andere zieht sie vorsichtig heraus.

● Als ich einen bepflanzten Gitterkorb ins Wasser gesetzt habe, kamen Erde und Pflanze an die Oberfläche. Was habe ich falsch gemacht?

Vermutlich haben Sie die falsche Erde benutzt. Gewöhnliche Gartenerde besteht hauptsächlich aus Fasermaterial, das auf dem Wasser schwimmt. Besorgen Sie sich spezielle Teicherde im Fachgeschäft oder aber verwenden Sie schwere Gartenerde, die weniger Fasermaterial enthält. Außerdem sollten Sie auf die Erde eine Schicht Kies geben, wodurch Erde und Pflanze ebenfalls festgehalten werden.

Vermehrung

Ist es einfach, Wasserpflanzen zu vermehren?

Grundsätzlich ist die Vermehrung von Wasserpflanzen nicht schwieriger als die Vermehrung von anderen Pflanzen. Ob für den Sumpfgarten, den Teichrand oder das Ufer – die Pflanzen werden durch Samen, Teilung oder Ableger vermehrt. Schwieriger wird es bei den echten Wasserpflanzen, die im tieferen Wasser leben, denn sie brauchen auch reichlich Wasser für die Vermehrung.

Werden Samen von Wasserpflanzen genauso gesät wie Samen von herkömmlichen Pflanzen?

Die Methoden ähneln sich. Geben Sie Spezialerde in einen Topf oder eine Schale und verteilen die Samen regelmäßig auf der Oberfläche. Füllen Sie eine 5 mm dicke Schicht groben Sand darauf. Für die meisten Pflanzen muss der Topf an einen schattigen Ort gestellt werden, bis die Samen keimen. Wenn Sie allerdings Samen aus einem echten Sumpfgarten haben, sollten Sie den Topf in ein Gefäß mit Wasser stellen, so dass der Topf teilweise im Wasser steht. Samen von echten Wasserpflanzen wie Seerosen müssen

Pflanzen, die man durch Samen vermehrt

Folgende Wasserpflanzen kann man gut mit Samen vermehren:

- Froschlöffel (*Alisma plantago-aquatica*)
- Gauklerblume (*Mimulus luteus*)
- Goldkeule (*Orontium aquaticum*)
- Krähenfuß-Laugenblume (*Cotula coronopifolia*)
- Langes Zyperngras (*Cyperus longus*)
- Seerose (*Nymphaea spp.*), außer bei steriler Züchtung
- Sumpfcalla (*Calla palustris*)
- Sumpf-Vergissmeinnicht (*Myosits scorpionides*)
- Zwergfroschlöffel (*Baldellia ranunculoides*)

Pflanzen, die man durch Teilung vermehrt

Folgende Pflanzen lassen sich einfach teilen:

- Bunte Houttuynie (*Houttuynia cordata*)
- Japanische Sumpfschwertlilie (*Iris ensata*), siehe Foto rechts, Blüte unten
- Kalmus (*Acorus calamus*)
- Pfeilaronstab (*Peltranda sagittifolia*)
- Primel (*Primula spp.*), siehe Foto rechts, Blüten oben
- Riesensüßgras (*Glyceria maxima var. variegata*)
- Schmalblättriges Wollgras (*Eriophorum angustifolium*)
- Sumpfdotterblume (*Caltha palustris*)
- Wasserähre (*Aponogeton distachyos*)
- Wasserminze (*Menta aquatica*)

Pflanzen, die man durch Ableger vermehrt
Folgende Pflanzen eignen sich für Vermehrung durch Ableger:
- Fieberklee (*Menyanthes trifoliata*)
- Krauses Laichkraut (*Potamogeton crispus*)
- Sumpfcalla (*Calla palustris*)
- Tausendblatt (*Myriophyllum aquaticum*)
- Wasserminze (*Mentha aquatica*)
- Wasserpest (*Elodea canadensis*)
- Wasserstern (*Callitriche hermaphroditica*)

hingegen im Topf in einem Gefäß mit Wasser stehen, das bis über die Schicht Sand reicht. Sorgen Sie dafür, dass der Topf immer unter Wasser steht.

Wie kann ich Wasserpflanzen teilen?

Das Teilen geht einfach: Holen Sie die Pflanzen aus dem Teich und waschen Sie die Erde rund um die Wurzeln ab. Teilen Sie die Pflanze vorsichtig mit den Fingern. Viele Pflanzen fallen von selbst auseinander, manche müssen ein bisschen auseinandergezogen oder sogar in mehrere Teile geschnitten werden. Jeder Pflanzenteil sollte eine Knospe haben.

Halten Sie die geteilte Pflanze in einen Topf und füllen diesen mit Spezialerde auf. Drücken Sie diese fest und geben Sie so viel Erde dazu, dass die Pflanze ebenso bedeckt ist, wie sie es vorher war. Geben Sie groben Sand darauf und gießen Sie die Pflanze. Die meisten Pflanzen sollten einige Wochen vor Kälte und Wind geschützt aufbewahrt werden, bis sie im neuen Topf angewachsen sind und nach draußen gepflanzt werden. Wasserpflanzen müssen in dieser Zeit ständig im Wasser stehen.

Kann man von Wasserpflanzen Ableger nehmen?

Manche Wasserpflanzen lassen sich ganz einfach durch Ableger vermehren. Am einfachsten geht es mit Unterwasserpflanzen: Binden Sie ein paar Stängel zusammen, beschweren Sie sie mit etwas Blei oder einem Stein und versenken Sie sie im Wasser. Sie werden schnell am Teichgrund wurzeln. Andere Pflanzen, beispielsweise die Sumpfcalla (*Calla palustris*), lassen sich vermehren, indem man Ableger von den Stängeln nimmt und diese mit jeweils einer Triebknospe in einen Topf mit nasser Erde gibt. Der Topf muss in einer Schale mit Wasser stehen.

Ganz konventionell lassen sich Ableger von den meisten Ufer- und Sumpfpflanzen wie beispielsweise Wasserminze (*Mentha aquatica*) machen.

Was sind Winterknospen oder -triebe?

Winterknospen oder -triebe sind fleischige Knospen, die von der Pflanze produziert werden, um die Pflanze als Nahrungsspeicher über den Winter zu bringen. In der Natur fallen Winterknospen von selbst von der Pflanze ab und treiben flussabwärts, um eine neue Pflanze zu bilden. Manchmal kann der Gärtner die Winterknospe auch selbst von der Pflanze lösen, in einen Topf mit Erde geben und in eine Schale stellen, so dass der Topf mit Wasser bedeckt ist.

Zu den Pflanzen, die durch Winterknospen vermehrt werden, gehören die Blumenbinse (*Butomus umbellatus*) und die Wasserfeder (*Hottonia palustris*).

Schädlinge und Krankheiten

● Viele Pflanzen in meinem Teich verwelken. Warum passiert das?

Möglicherweise haben Sie die falschen Pflanzen im Teich. Nicht alle Pflanzen gedeihen in Wasser, und viele Gartenpflanzen vertragen es gar nicht, permanent nass zu sein. Auch wenn sie eine feuchte Umgebung brauchen, halten sie es in stehendem Wasser nicht aus und sterben früher oder später.

Eine andere Möglichkeit ist, dass die welken Pflanzen krank sind. Untersuchen Sie sie ganz genau auf eventuelle Schädlinge und Krankheiten. Wenn Sie Anzeichen dafür sehen, nehmen Sie die Pflanze aus dem Teich. Behandeln Sie die erkrankten Pflanzen auf keinen Fall mit Schädlingsmitteln, die Sie sonst im Garten verwenden, denn diese könnten Fische und andere Lebewesen im Wasser schädigen.

Grundsätzlich kann man sagen, dass Teichpflanzen relativ selten erkranken. Wenn Sie jedoch Unkrautvertilgungsmittel in der Nähe des Teiches gesprüht haben, kann etwas davon ins Wasser gelangt sein. Das kann dazu führen, dass Blätter ganz hell werden, ohne dass die Pflanze unbedingt stirbt. Die sicherste Abhilfe ist in jedem Fall das Entsorgen von befallenen Pflanzen.

● Meine Seerose hat braune Flecken. Woher kommen diese?

Wahrscheinlich leidet die Seerose unter einer Pilzerkrankung (siehe Foto unten), die zwar die Schönheit der Pflanze beeinträchtigt, ihr aber keinen ernsthaften Schaden zufügt. Problematisch wird es erst, wenn Sie nicht sofort etwas unternehmen und die Blätter anfangen zu verfaulen, was bei heißem Sommerwetter schnell

passieren kann. Sobald Sie Flecken bemerken, entfernen Sie die befallenen Blätter und verbrennen Sie.

- **Die Blüten meiner Seerosen färben sich schwarz. Was passiert hier?**

Ihre Seerosen leiden unter einer Pilzerkrankung, die wahrscheinlich die übelste Erscheinung ist, die in einem Zierteich auftreten kann. Der Pilz schwärzt die Stängel und Pflanzenkronen und lässt sie verfaulen. Dieser üble Pilz breitet sich sehr schnell aus. Nehmen Sie alle erkrankten Pflanzen aus dem Teich und verbrennen sie.

- **Die Blätter meiner Seerose sind mit kleinen schwarzen Tieren übersät. Was kann ich dagegen tun?**

Seerosen-Blattläuse (siehe Foto oben) sind sehr lästige Schädlinge. Wenn sie in großen Mengen auf den Seerosen leben, können sie diese töten, weil sie den Saft aus den Blättern und Blüten saugen. Die beste Methode sie loszuwerden ist, einen sehr harten Wasserstrahl vom Gartenschlauch auf die Blätter zu lenken und die Blattläuse damit abzuspritzen. Die Fische werden sich auf das unerwartete Futter stürzen! Übrigens überwintern Blattläuse in Pflaumen- und Kirschbäumen. Sollten Sie solche Bäume haben, behandeln Sie sie mit einem teerhaltigen Öl, das Sie im Gartengeschäft bekommen.

- **Was hat die Blätter von meinen Seerosen angefressen?**

Wahrscheinlich sind Seerosen-Blattkäfer bzw. ihre Larven die Übeltäter. Die Käfer sind braun und etwa doppelt so groß wie Marienkäfer. Die Larve des Käfers ernährt sich von diesen Blättern. Da die Käfer drei- bis viermal im Jahr Larven haben, kann der Schaden beachtlich sein. Säubern Sie die Blätter mit einem harten Wasserstrahl von den Schädlingen und entfernen Sie alle befallenen Blätter. Außerdem empfiehlt es sich, die Blätter von zweijährigen Kräutern, die um den Teichrand wachsen, im Herbst zu entfernen, da die ausgewachsenen Käfer dort überwintern. Es gibt auch ein Spezialmittel namens *Bacillum thuringiensis*, das Sie im Fachhandel bekommen und das für Fische völlig harmlos ist.

Tiere im Gartenteich

Tiere anlocken

● **Wie lange dauert es, bis ich Pflanzen und Tiere im Teich haben kann?**
Höchstwahrscheinlich haben Sie Ihren Teich nicht mit Regenwasser gefüllt, sondern mit Leitungswasser, das Sie mithilfe des Gartenschlauches in den Teich geleitet haben. Unser Trinkwasser ist in der Regel chlorhaltig und enthält möglicherweise auch noch andere Chemikalien. Diese lösen sich im Laufe der Zeit auf. Deshalb sollte das Wasser mindestens eine Woche abstehen, bevor Sie Pflanzen und Tiere in den Teich geben. Am besten warten Sie nach dem Einsetzen der Pflanzen wiederum, bis diese sich eingewöhnt haben, und denken erst dann über Tiere für den Teich nach.

● **Wie kann ich Tiere in meinen neuen Teich locken?**
Es ist erstaunlich, dass man eigentlich gar nicht viel zu tun braucht; die meisten Tiere finden einen attraktiven Teich ganz von selbst. Es kann passieren, dass die ersten Wasserläufer schon auftauchen, bevor der Teich überhaupt ganz gefüllt ist. Libellen gehören in der Regel zu den ersten Besuchern. Auch Frösche (siehe Foto oben) werden den Teich bald entdecken, wobei man hier ein bisschen nachhelfen kann, indem man Kaulquappen in den Teich setzt. Die Frösche, die aus diesen Kaulquappen heranwachsen, kommen jedes Jahr zum Laichen wieder in Ihren Teich.

Mit etwas Glück besuchen im Frühjahr Molche (siehe Foto gegenüberliegende Seite) zur Eiablage den Teich. Manche kleinen Tiere werden ganz unverhofft in Ihrem Teich landen, wenn Sie Pflanzen von Nachbarn oder Freunden bekommen. Mit Fischen kann es etwas länger dauern; dennoch ist es möglich, dass ein Vogel, der zum Trinken kommt, einige Fischeier auf seinem Fuß mitbringt.

Doch wer bestimmte Fische im Teich haben möchte, muss aktiv werden (siehe Seiten 106–107). Allerdings sollten im Naturteich nur heimische Fische, beispielsweise Bitterlinge oder Moderlieschen, eingesetzt werden.

- **Seit ich meinen Naturteich habe, habe ich noch keine Tiere dort gesehen. Was habe ich falsch gemacht?**

Es gibt mehrere Gründe, wenn sich keine Tiere einfinden. Der Teich ist vielleicht zu neu, und sie haben ihn noch nicht entdeckt. Es kann sein, dass nicht ausreichend Pflanzen am Teich wachsen. Ein kahler Teich ist weniger attraktiv für Tiere als einer mit vielen verschiedenen Pflanzen, die Nahrung, Schatten und Schutz bieten. Wenn Sie mitten in der Stadt wohnen, liegt der Garten möglicherweise zu weit weg von bestehenden Tierkolonien. Doch keine Sorge, viele Tiere wandern sehr weit, es dauert nur länger. Vielleicht haben Sie die neuen Teichbewohner auch noch nicht entdeckt, weil sie sich so gut verstecken.

- **Ich habe in meinem Teich kleine tote Säugetiere gefunden. Was kann ich tun, um das zu verhindern?**

Das Hauptproblem für kleine Tiere ist, dass sie zwar ins Wasser hineinkommen, aber nicht wieder heraus. Viele Tiere können schwimmen, wenn ihr Leben davon abhängt, aber oft finden sie keine Stelle, an der sie herausklettern können. Wenn die Wände steil sind oder Steinfliesen über den Teichrand ragen, ist es für viele kleine Tiere wie Igel und Frösche unmöglich, aus dem Wasser zu kommen.

Wenn Sie ein oder zwei Rampen als Ein- und Ausstieg für kleine Tiere bauen, sollte das dem Problem abhelfen. Ein einfaches Brett, dass vom Teichrand ins Wasser führt, genügt als Rampe.

Fische

Kann man Fische in einem gewöhnlichen Gartenteich halten?

Fische können in jedem Teich leben, solange er nicht übervölkert ist und das Wasser ausreichend Sauerstoff enthält. Wenn man daran denkt, dass Goldfische in Kugelgläsern überleben, muss auch der kleinste Teich ein Paradies für sie sein. Wenn Sie einen natürlichen Lebensraum für die Fische schaffen mit zahlreichen Unterwasserpflanzen, die Sauerstoff produzieren, und anderen Pflanzen, die Schatten und Schutz bieten, werden die Fische in Ihrem Teich prächtig gedeihen, ohne dass Sie viel dafür tun müssen.

Wenn der Teich klein ist und die Fische sich rasend schnell vermehren, kann es zur Übervölkerung kommen. Halten Sie sich an die Faustregel: ein 5 cm langer Fisch für 30 x 30 cm Wasseroberfläche.

Die Wasserqualität kann vor allem in einem kleinen Teich ein Problem sein. Sie brauchen viele Sauerstoff produzierende Pflanzen (siehe Seiten 84-85). Wenn Sie einen Teich ohne Pflanzen haben und Fische halten möchten, brauchen Sie einen Teichbelüfter, der frische Luft aus der Umgebung ansaugt und ins Wasser bläst. Erkundigen Sie sich im Fachhandel nach dem besten System für Ihre Bedürfnisse.

Welche Fische kann man gut im Teich halten?

Man unterscheidet zwei Hauptgruppen: Zur Gruppe der Zierfische gehören bunte Fische wie beispielsweise Goldfische und Koi. Die andere Gruppe umfasst heimische Fische, die man in einem natürlichen Teich in der Umgebung vorfinden würde. Heimische Fische leben sich in der Regel schnell ein und werden schon bald laichen. Gewöhnliche Zierfische, beispielsweise Goldfische, sollten auch keine Probleme bereiten, wenn sie sich erst einmal eingewöhnt haben. Wenn Sie an Exoten wie Koi interessiert sind (siehe Foto oben), sollten Sie sich überlegen, diese in einem speziell für sie eingerichteten Teich zu halten, wo man sie besser beobachten kann. Natürlich können Koi auch im Gartenteich leben, aber sie werden viele Ihrer Pflanzen fressen.

Welche Fische brauchen am wenigsten Pflege?

In einem gesunden Teich brauchen die meisten Fische kaum Pflege. Wenn der Teich groß ist, brauchen Sie sie nicht einmal zu füttern. Vor allem heimische Fische kann man ganz sich selbst überlassen. Manche Zierfische, beispielsweise Goldfische, sind in der Regel auch

Fische vermehren

Die meisten Fische werden von selbst im Teich laichen. Wenn Sie allerdings Koi züchten wollten, empfiehlt es sich, einen speziellen Teich für sie anzulegen.

anspruchslos, solange der Teich nicht übervölkert ist.

Woher bekomme ich Fische?

Fragen Sie Nachbarn und Freunde mit Gartenteichen, ob sie Ihnen ein paar Fische abgeben. Dies ist die billigste Methode; aber es besteht immer die Gefahr, dass Sie ungesunde Tiere bekommen. Wenn Sie hingegen in ein gut geführtes Fachgeschäft gehen, finden Sie in der Regel eine große Auswahl an gesunden Fischen und haben darüber hinaus die Möglichkeit, sich beraten zu lassen. Es ist besser, mehrere kleine Fische zu kaufen als wenige große, denn die kleinen leben sich leichter im neuen Zuhause ein.

Muss ich die Fische füttern?

Grundsätzlich sollte ein gesunder Teich mit reichlich Pflanzen und Insekten alles bieten, was Fische zum Fressen brauchen. Doch für viele Teichbesitzer gehört das Füttern der Fische zu den größten Freuden. Wenn Sie regelmäßig zur gleichen Tageszeit füttern, schwimmen die Fische herbei, sobald Sie sich dem Teich nähern. Die Wahl des richtigen Futters ist eher problematisch, denn das Angebot in den Fachgeschäften ist überwältigend. Am besten lassen Sie sich bereits beim Kauf der Fische beraten.

Geben Sie nur so viel Futter, wie die Fische in kurzer Zeit fressen, denn übrig gebliebenes Futter im Wasser verschlechtert die Wasserqualität. Praktisch ist Futter, das auf dem Wasser schwimmt, da Reste leichter zu entfernen sind.

Wie setze ich die neuen Fische in den Teich?

Vermutlich bringen Sie die Fische in geschlossenen Plastikbeuteln nach Hause. Lassen Sie die Beutel mindestens eine Stunde in den Teich hängen, damit die Wassertemperatur im Beutel langsam auf die Temperatur des Teichwassers absinkt. So gewöhnt sich der Fisch langsam ans kühlere Wasser und bekommt keinen Schock. Achten Sie darauf, dass die Beutel mit den Fischen nicht in der Sonne hängen, denn diese heizt das Wasser im Beutel schnell auf.
Wenn die Temperatur angeglichen ist, öffnen Sie den Beutel und drücken ihn langsam unter Wasser, bis die Fische herausschwimmen. Vermutlich werden sie ganz schnell zum Teichgrund schwimmen und dort bleiben, bis sie sich eingewöhnt haben.

Fische für den Gartenteich

Die folgenden Fische eignen sich für einen normalen Gartenteich. Die meisten Arten vertragen sich miteinander.

- Bitterling
- Elritze
- Gold- und Silberorfe
- Goldfisch
- Häsling
- Karpfen, vor allem Koi
- Moderlieschen
- Plötze (siehe Foto rechts)
- Rotfeder
- Schleie

Insekten und Weichtiere

Welche Insekten kann ich an meinem Teich erwarten?

Mit Abstand die attraktivsten Besucher aus dem Reich der Insekten sind Libellen (siehe Foto gegenüberliegende Seite unten). Man braucht sie nicht anzulocken, sondern sie kommen ganz von selbst und werden schon bald im Teich Eier legen.

Libellen brauchen viele Pflanzen im und um den Teich, die als Landeplatz, zur Eiablage, als Versteck für die Larven und schließlich als sicherer Ort dienen, an dem die Libellen ihre Flügel für den ersten Flug trocknen können. Nicht alle Insekten sind so attraktiv wie Libellen. Mücken (siehe Foto gegenüberliegende Seite oben) werden ebenfalls im Teich brüten. Wenn Sie viele Libellen und Fische haben, dürften die Mücken aber nicht zu einem Problem werden, da die Larven der Mücken beliebtes Libellen- und Fischfutter sind.

Auf den Blättern meiner Seerosen sitzen Wespen und andere Insekten. Was machen sie dort; muss ich etwas gegen sie unternehmen?

Wespen brauchen Wasser, einerseits zum Trinken und andererseits, um ihr Nestbaumaterial damit zu mischen. Sie nutzen die Seerosen lediglich als Landeplatz, von dem sie leicht ans

Wasser kommen. Sie werden Ihnen nichts tun, wenn Sie sie in Ruhe lassen.

Wie kann ich Wasserschnecken im Teich einführen?

Die Meinungen sind geteilt darüber, ob man Schnecken im Teich haben sollte oder nicht. Man bekommt sie in Fachgeschäften; in erster Linie werden sie in Teiche gesetzt, weil sie als Abfallverwerter fungieren, die Algen, welke Pflanzen, übriges Fischfutter und tote Fische und Würmer fressen. Zu den Schnecken, die diese nützlichen Aufgaben erledigen, gehören die Posthornschnecke (*Planorbis corneus*) und die schwarze Japanische Schnecke (*Viviparis malleatus*). Achtung vor der Spitzhornschnecke (siehe Foto gegenüberliegende Seite) – sie vergreift sich auch an gesunden Wasserpflanzen.

Andere Schnecken können viel Schaden im Teich anrichten, weil sie – wie ihre Artgenossen an Land – Blätter fressen. Verzichten Sie lieber darauf. Wenn Sie wirklich Schnecken im Teich möchten, kaufen Sie sie in gut geführten Fachgeschäften, damit Sie die richtige Sorte bekommen. Falls Sie eine Schneckenplage im Teich haben, legen Sie über Nacht Salat- oder Kohlblätter aufs Wasser. Damit können Sie die meisten Schnecken am nächsten Tag ganz einfach einsammeln.

Amphibien und Reptilien

Wie kann ich Kaulquappen im Teich einführen?

Frösche und Kaulquappen sind heute leider eher selten. Während man früher mit einem Marmeladenglas zum Teich ging und Froschlaich einfüllte, muss man heute etwas vorsichtiger und umsichtiger sein. Am besten ist, Sie üben sich in Geduld und warten, bis Frösche den Teich selbst entdecken und einwandern. Mit etwas Glück werden sie schon bald laichen. In der Regel laichen Frösche im folgenden Jahr wieder am selben Teich, also werden sie höchstwahrscheinlich wiederkommen, vor allem, wenn sie in Ihrem Teich geboren sind. Natürlich können Sie das Ganze etwas beschleunigen, wenn Sie einen anderen Teichbesitzer kennen, der Ihnen Froschlaich abgibt. Lassen Sie die Finger von wilden Teichen. Der dort vorhandene Froschlaich sollte dort bleiben und in seiner natürlichen Umgebung heranwachsen.

Dieses Frühjahr hatte ich fast 40 Frösche im Teich. Muss ich etwas dagegen tun?

Im Frühjahr sind viele Teiche voller Frösche, da zu dieser Jahreszeit alle Frösche ihren Lieblingsteich zum Laichen und zur Eiablage aufsuchen. Das Wasser scheint plötzlich nur so vor Fröschen zu wimmeln Es gibt keinen Grund zur Sorge und Sie brauchen nichts zu unternehmen. Die Frösche werden nach der Eiablage genauso schnell wieder verschwinden, wie sie zuvor aufgetaucht sind.

Kann ich Molche im Gartenteich haben?

Ob Sie das möchten oder nicht – Wassermolche werden höchstwahrscheinlich ganz von selbst im Teich erscheinen, sobald er voller Pflanzen ist (siehe Foto unten). Manchmal ist es unmöglich herauszufinden, woher sie gekommen sind. Man vermutet, dass sie große Entfernungen zurücklegen können. Fragen Sie Nachbarn und Freunde mit Gartenteichen, ob sie Ihnen einen oder zwei Molche abgeben; manche Teiche sind total übervölkert. Wenn Sie nicht ganz sicher sind, ob Ihr

Teich bereits gute Lebensbedingungen für Molche bietet, warten Sie lieber ab.

Leben Kröten in Teichen?

Kröten gehen nur zum Laichen ins Wasser. Man sieht sie nicht so oft wie Frösche, weil sie überwiegend nachtaktiv sind. Kröten leben an kühlen feuchten Orten, beispielsweise unter Steinen oder in Mauern. Wenn Sie einige entsprechende Behausungen im Garten zur Verfügung stellen, werden vermutlich bald Kröten dort einziehen. Aber es ist nicht immer ganz leicht, sie zu sehen. Auf alle Fälle machen sie sich im Garten nützlich, denn sie fressen viele Schnecken und Raupen.

Ich habe Ringelnattern in meinem Teich gesehen. Sind sie gefährlich?

Wenn Sie Ihren Gartenteich – insbesondere einen Naturteich – regelmäßig beobachten, kann es gut möglich sein, dass Sie gelegentlich eine Ringelnatter dort sehen (siehe Foto oben). Ringelnattern sind ungefährlich. Sie fressen möglicherweise gelegentlich einen Frosch oder Fisch, aber sie werden das Gleichgewicht des Teiches gewiss nicht stören, im Gegenteil, sie verbessern es.

Wenn Sie wirklich Angst vor Schlangen haben, lassen Sie jemanden die Schlange herausholen. Aber töten Sie sie auf keinen Fall!

Säugetiere und Vögel

Ich möchte gerne Vögel im Garten haben. Wie kann ich einen kleinen Vogelteich bauen, in dem sie baden?

Vögel brauchen nicht viel Wasser; eine kleine Pfütze genügt ihnen völlig. Wenn Sie einen Gartenteich haben, können Sie eine Rampe bauen und den Vögeln damit den Ein- und Ausstieg erleichtern. Sie können auch einen Spezialteich für Vögel anlegen. Man kann fertige Vogelbäder aus Stein oder Zement kaufen, manche thronen auf einer Säule. Oder Sie versenken einen Mülltonnendeckel oder einen ähnlichen Gegenstand umgekehrt im Gras und füllen ihn mit Wasser. Geben Sie ein paar flache Steine hinein, auf denen die Vögel stehen können. Bauen Sie das Vogelbad an einer möglichst freien Stelle im Garten, die nicht von Pflanzen umgeben ist, damit die Vögel sehen, wenn sich Feinde nähern.

Kann ich Nistkästen für Wasservögel bauen?

Viele Enten suchen sich ihre Nistplätze selbst, und oft sind diese sogar ziemlich weit vom Wasser entfernt. Manche Enten mögen gut versteckte Plätze am Boden. Andere Enten nisten in Baumhöhlen und würden einen Nistkasten nahe am Wasser nicht aufsuchen, außer sie finden wirklich keinen geeigneten Platz in der Nähe.

Badeinseln für Vögel

Sie können mit einem Stück Holz eine sichere Insel kreieren, von der aus Vögel trinken können. Am besten ist es, diese schwimmende Insel mit etwas Spezialschnur an einem Stein zu „verankern", damit sie nicht vom Wind ans Ufer getrieben wird.

Am ehesten werden Nistkästen von Hausgeflügel genutzt, das ohnehin im und um den Teich lebt und nicht wegfliegen kann. Für einen Nistkasten brauchen Sie eine rundherum geschlossene Kiste mit einem schrägen Dach und einem großen Loch als Ein- und Ausgang. Stellen Sie den Nistkasten so auf, dass der Eingang nicht an der Seite des vorherrschenden Windes liegt. Sie können den Nistkasten auch über das Wasser bauen (siehe Foto oben) oder auf eine Insel im Teich stellen, wo die Enten vor Katzen und Füchsen sicher sind.

- **Wie können Vögel, die nicht schwimmen können, im Teich baden oder daraus trinken?**

Viele Gartenvögel baden in Wasser oder Staub, und die wasserliebenden unter ihnen sind meist mit einer Pfütze zufrieden. Die meisten Teiche sind zu tief für sie. Natürlich kann man für Vögel einen sicheren Ort schaffen, an dem sie trinken und baden können. Eine Möglichkeit sind kleine schwimmende Plattformen, die allerdings sehr niedrig sein müssen, damit die Vögel von dort die Wasseroberfläche erreichen. Oder Sie stellen einen großen Stein auf ein Stück Teichvlies in den niedrigen Teil des Teiches. Idealerweise sollte der Stein flach sein und eine sanfte Neigung haben, so dass die Vögel leicht das Wasser erreichen, selbst wenn der Wasserspiegel fällt. Manche Vögel sind so klein und leicht, dass sie auf den Blättern der Seerosen landen.

- **Ich habe einen toten Igel im Teich gefunden. Können Igel schwimmen? Wie kann ich vermeiden, dass noch mehr Igel im Teich sterben?**

Igel fallen oft ins Wasser, entweder wenn sie zum Trinken kommen oder wenn sie versuchen, an die andere Seite des Teiches zu gelangen. Grundsätzlich können sie schwimmen und sich retten. Doch wenn die Ufer steil sind oder hoch über dem Wasserspiegel aufragen oder wenn der Teichrand mit überstehenden Fliesen gestaltet ist, ist es oft unmöglich für sie, aus dem Wasser zu klettern. Am besten bauen Sie eine Rampe vom Ufer ins Wasser. Das kann ein einfaches Holzbrett sein. Die Rampe wird auch für andere Tiere nützlich sein, die zum Trinken kommen. Sollte ein Tier ins Wasser fallen, hat es gute Chancen, mithilfe der Rampe wieder den Weg ans sichere Ufer zu schaffen.

Räuberische Tiere und andere Gefahren

Sind Fische anfällig für Ungeziefer und Krankheiten?

So lange das Wasser sauber ist und der Teich nicht zufriert, bleiben Fische in der Regel gesund. Natürlich besteht immer ein Risiko bei neuen Fischen, dass sie Krankheiten mitbringen. Doch eine geschlossene Gemeinschaft von gesunden Fischen in sauberem Wasser sollte keine gesundheitlichen Probleme haben. Die schlimmste Krankheit, mit der Sie vielleicht konfrontiert werden, ist die Pünktchenkrankheit, die manchmal von neuen Fischen mitgebracht wird und sich besonders bei Wärme ausbreitet. Im Fachhandel bekommen Sie Chemikalien, die Sie – genau nach den Anweisungen des Herstellers – ins Wasser geben.

Andere mögliche Probleme sind Pilzkrankheiten (beispielsweise *Saprolegnia*), an denen überwiegend verletzte Fische leiden. Vergewissern Sie sich, dass der Teich keine scharfen Kanten hat.

Ein Reiher frisst meine Fische. Wie kann ich das verhindern?

Graureiher (siehe Foto oben) können sehr lästig werden, wenn sie Ihren Gartenteich als Futterplatz entdeckt haben. Sorgen Sie für viele Pflanzen an den Teichrändern und offene Wasserflächen in der Mitte des Teiches, wo das Wasser zu tief ist für den Reiher.

Es gibt einige Produkte im Fachhandel, die den Reiher von seinem Tun abbringen sollen. Bei einem Produkt drückt der Reiher beim Waten im Wasser gegen eine für ihn nicht sichtbare Schnur und löst dabei einen Mechanismus aus, der ein Geräusch verursacht, das den Vogel erschreckt.

Eine andere Möglichkeit ist, mehrere niedrige Drähte am Teichufer zu spannen, so dass der Reiher nicht vom Ufer in den Teich waten kann. Wenn alle diese Methoden nichts nützen, müssen Sie eine Zeit lang ein Plastiknetz über den gesamten Teich spannen (siehe Foto unten).

Wie kann ich Katzen vom Teich fern halten?

Um die Sicherheit der Katzen brauchen Sie sich keine Sorgen zu machen. Katzen können schwimmen (auch wenn sie normalerweise Wasser meiden). Sie müssen nur für eine Rampe sorgen, mit deren Hilfe die Katze wieder herauskommt.

Wenn Sie um Ihre Fische besorgt sind, können wir Sie ebenfalls beruhigen. Katzen fangen nur ganz selten einen Fisch, selbst wenn sie stundenlang fasziniert am Ufer sitzen und die Fische im Teich beobachten.

Größere Gefahr besteht für Frösche und Lurche, wenn sie sich außerhalb des Teiches befinden. Doch dagegen können Sie kaum etwas unternehmen. Wenn Sie ganz grundsätzlich keine Katzen mögen, müssen Sie sie ganz und gar aus dem Garten verbannen.

In meinem Teich schwimmt altes Fischfutter. Wie kann ich die Fische dazu bringen, es zu fressen?

Sie können Sie nicht dazu bringen und sollten es auch nicht versuchen. Fischfutter muss immer frisch sein, und Futter, das nicht schnell verzehrt wird, sollten Sie immer gleich entfernen, bevor es verfault und den Teich verschmutzt. Am besten kaufen Sie Fischfutter, das auf der Oberfläche schwimmt, denn es kann am besten entfernt werden.

Holen Sie das alte Futter aus dem Teich. Geben Sie den Fischen immer nur so viel Futter, wie sie sofort fressen. Wenn Sie die richtige Menge herausgefunden haben, wird es keine Reste mehr geben. Grundsätzlich ist es besser, zu wenig zu füttern als zu viel. Fische, die in einem gesunden Teich mit vielen Pflanzen leben, werden nie Hunger leiden.

Teichpflege übers Jahr

Allgemeine Pflege

Was für Geräte brauche ich für die Pflege meines Teiches?

Im Grunde brauchen Sie nicht viele Geräte. Auch wenn Sie im Fachgeschäft eine endlos scheinende Auswahl an Dingen sehen, die Ihnen die Pflege des Teiches erleichtern sollen, benötigen Sie nur einige davon. Zu den wirklich nützlichen Helfern gehört ein Rechen, den Sie vermutlich ohnehin besitzen. Mit dem Rechen können Sie wuchernde Pflanzen und Algen aus dem Teich holen. Ein Netz an einem langen Stiel kann auf verschiedene Weise nützlich sein: wenn Sie z. B. einen Ball aus dem Teich holen müssen, Blätter herausfischen oder altes Fischfutter entfernen. Wasserfeste Gummihandschuhe sind ebenfalls praktisch, wenn Sie glitschiges Unkraut aus dem Teich holen (siehe Foto links). Sie sollten allerdings etwas dicker sein als die gewöhnlichen Haushaltshandschuhe.

Eine lange Stange mit einem Haken an einem Ende kann gute Dienste tun, wenn Sie bepflanzte Körbe aus dem Wasser holen müssen. Wenn Ihr Teich so tief ist, dass Sie mit normalen Gummistiefeln nicht hineingehen können, können Sie sich hohe Wasserstiefel zulegen. Die meisten Teichbesitzer waten allerdings durchaus barfuß durch ihren Teich.

Sie brauchen einen Eimer, in dem Sie Unkraut und Algen sammeln können. Am besten bohren Sie Löcher in den Boden des Eimers, so dass das Wasser abfließen kann und nur die Pflanzen im Eimer bleiben.

Einige Geräte, die Sie auch für die Gartenarbeit brauchen, können bei der Teichpflege nützlich sein. Eine Baumschere mit langen Griffen, eine kleine Handschaufel und eine Handhacke – sicher finden Sie diese in Ihrem Schuppen.

Welche grundlegenden Wartungsarbeiten muss man regelmäßig ausführen?

Ein gesunder Gartenteich braucht überraschend wenig Wartung und Pflege. Die Hauptsorge im Sommer ist, dass das Niveau des Wassers nicht zu tief fällt. Kleine Schwankungen sind normal und entstehen durch Verdunstung, vor allem bei Hitze und starkem Wind. Wenn Sie ein System installiert haben, mit dessen Hilfe automatisch Regenwasser den Teich auffüllt, brauchen Sie sich darum auch keine Gedanken zu machen. Ansonsten füllen Sie gelegentlich Wasser mit dem Gartenschlauch nach.

Außerdem ist es wichtig, regelmäßig Ordnung im Teich zu schaffen und alte Blätter oder

abgestorbene Pflanzen aus dem Wasser zu holen (siehe Foto oben).

Wasserpflanzen brauchen natürlich Pflege, aber auch nicht mehr als die anderen Pflanzen im Garten. Oft sind sie sogar pflegeleichter. Prüfen Sie die Pflanzkörbe regelmäßig und teilen Sie die Pflanzen, wenn es zu eng wird im Korb. Auf den folgenden Seiten finden Sie Aufgaben, die zu den verschiedenen Jahreszeiten anfallen. Es wird aber kaum passieren, dass alle Aufgaben im selben Jahr anfallen.

Was mache ich mit dem Teich, wenn ich verreise?

Wenn Sie zwei Wochen verreisen, gibt es bestimmt keine Probleme. Füllen Sie das Wasser vor der Reise nach, damit es ganz bestimmt nicht zu tief fällt, und entfernen Sie alle Pflanzen, die angefangen haben zu welken.

Wenn Sie Fische im Teich haben, die Sie regelmäßig füttern, sollten Sie Nachbarn bitten, das während Ihrer Abwesenheit zu tun. Wenn Sie selbst täglich füttern, bitten Sie die Nachbarn, alle zwei Tage zu füttern; man kann davon ausgehen, dass sie eher großzügig mit dem Futter umgehen.

Frühling

Wann ist der beste Zeitpunkt, um Wasserpflanzen umzutopfen?

Die beste Zeit zum Einpflanzen und Umpflanzen von Wasserpflanzen ist Spätfrühling und Frühsommer. Das Wasser im Teich erwärmt sich und die Wachstumsphase der Pflanzen beginnt. Alle Pflanzen, die Sie jetzt pflanzen, werden sehr bald wachsen. Wenn Sie diese Arbeiten im Herbst erledigen, haben neue Pflanzen kaum eine Chance, sich einzugewöhnen und zu wachsen. Sie können auch ganz schnell verfaulen.

Muss ich den Teich jedes Jahr komplett säubern?

Nein. Die meisten Teiche müssen nur etwa alle fünf Jahre komplett gereinigt werden (manchmal sogar noch seltener), und ein großer gesunder Teich kann durchaus zehn Jahre oder länger ohne Großputz auskommen. Häufiges Reinigen des Teiches bringt das Gleichgewicht durcheinander, das ein gesunder Teich von Natur aus hat. Wenn Sie regelmäßig Blätter und anderen Abfall vom Teichgrund holen, was sich gut machen lässt, ohne dass man den Teich leert, sollte Ihr Teich ohne Probleme mehrere Jahre im Gleichgewicht sein. Seien Sie beim Aufräumen des Grundes sehr vorsichtig, damit Sie keine Löcher in die Teichfolie machen.

Aufgaben im Frühling

- Reinigen Sie den Teich, wenn es nötig ist.
- Prüfen Sie Pumpe, Beleuchtung und Filtersysteme, wenn Sie sie nach dem Winter wieder in Betrieb nehmen.
- Entfernen Sie Pflanzen, die zu starkwüchsig sind. Zupfen Sie welke Blätter ab.
- Topfen Sie jetzt die Pflanzen um.
- Geben Sie neue Pflanzen in den Teich.
- Eventuell müssen Sie neue Pflanzen vor spätem Frost retten.
- Entfernen Sie alle abgestorbenen Pflanzenteile, die Sie nicht im Herbst entfernt haben.
- Geben Sie Gerstenstroh gegen Algenwachstum ins Wasser.
- Sorgen Sie dafür, dass Wasserlinse (*Lemna*) Teile der Wasseroberfläche bedeckt, bevor die Seerosen ihre Blätter entwickelt haben.
- Stellen Sie sicher, dass über den Winter keine Schäden entstanden sind. Falls Reparaturen nötig sind, führen Sie sie jetzt aus.
- Füttern Sie die Fische, sobald sie munter sind.

Wie leere ich meinen Teich?

Der häufigste Grund, warum jemand seinen Teich leeren will, ist die anstehende Reparatur eines Lecks. In diesem Fall kann man davon ausgehen, dass der Teich bereits weniger Wasser hat als gewöhnlich. Pumpen Sie einen Teil des Wassers ab oder schöpfen Sie es heraus. Wenn Sie Glück haben, können Sie den Gartenschlauch an die Pumpe für den Springbrunnen anschließen und damit Wasser abpumpen. Abschöpfen geht ebenso leicht, wenn der Teich höher liegt als der Garten.

Holen Sie schon bald die Fische aus dem Teich (siehe unten) und leeren Sie den Teich immer weiter. Wenn Sie eine Pumpe benutzen, müssen Sie darauf achten, dass diese nicht verstopft, wenn sie gegen Ende Schlamm vom Grund holt. Holen Sie alle Pflanzen heraus und heben Sie sie in Eimern an schattigen Plätzen auf. Schöpfen Sie den letzten Rest Wasser mit einem Eimer hinaus. Die Fische sollten so rasch wie möglich wieder in den Teich kommen.

Entfernen Sie den Schlamm am Teichgrund mit einer Schaufel, niemals mit einer Mistgabel. Geben Sie den Schlamm auf eine große Plastikplane. Suchen Sie den Schlamm nach Fischen und anderen Lebewesen ab, bevor er austrocknet. Er kann später auf den Komposthaufen gebracht werden.

Was passiert mit den Fischen, wenn ich den Teich reinige?

Das Wohlbefinden der Fische muss an erster Stelle stehen, wenn Sie den Teich leeren oder reinigen müssen. Da diese Aufgabe meistens in den Frühling oder Frühsommer fällt, müssen Sie besonders aufpassen, wenn es heiß und sonnig ist. Am besten stellen Sie ein Ausweichbecken für die Fische bereit. Das kann durchaus das Planschbecken der Kinder sein. Auch saubere Plastikeimer und -schüsseln können verwendet werden. Welche Behälter auch immer Sie verwenden – stellen Sie sie in den Schatten.

Am besten pumpen oder schöpfen Sie Teichwasser für das Ersatzbecken ab, damit die Fische zumindest im gleichen Wasser sind. Fangen Sie so viele Fische wie möglich mit dem Netz, bevor das Niveau des Wassers zu niedrig ist und der Schlamm zu stark aufgewirbelt wird. Am besten geben Sie auch einige Sauerstoff produzierende Pflanzen in das Ersatzbecken, damit die Fische Sauerstoff haben und sich verstecken können.

Wenn nur noch wenig Wasser im Teich ist, müsste es möglich sein, die übrigen Fische mit dem Netz zu erwischen. Beobachten Sie die Fische im Ersatzbecken eine Zeit lang. Wenn sie nach Luft schnappen (siehe Foto oben) oder auf der Seite treiben, müssen Sie ganz schnell für Sauerstoff im Wasser sorgen. Stellen Sie einen Teichbelüfter ins Ersatzbecken. Auch ein Springbrunnen reichert das Wasser mit Sauerstoff an.

Wie säubere ich den Teich?

Wenn der Teich ausgeleert ist, sammeln Sie als nächstes alle Blätter und sonstigen verfaulten Pflanzenteile so vorsichtig wie möglich ein. Am besten benutzen Sie dazu eine Plastikschaufel. Heben Sie einen Teil dieses Abfalls auf; er kommt später wieder in den gesäuberten Teich, damit die Fische sich schneller wieder eingewöhnen. Bürsten Sie vorsichtig über die Oberfläche, um Schmutz und Algen zu lösen. Spritzen Sie dann mit dem Gartenschlauch über die gesamte Innenfläche des Teiches. Schöpfen Sie dieses Wasser heraus und überprüfen Sie die Auskleidung des Teiches auf eventuelle Schäden (siehe Seiten 136-137). Natürlich müssen Sie bei Folienteichen besonders vorsichtig arbeiten.

Sommer

- **Wie unterscheide ich Wasserpflanzen von Unkraut?**

Die Pflanzen, die Sie in gut geführten Fachgeschäften gekauft haben, sollten echte Wasserpflanzen sein. Doch auch einige echte Wasserpflanzen sind so starkwüchsig, dass sie für einen kleinen Teich nicht geeignet sind (siehe Seiten 86–87 und 88–89).

Wenn Sie in ein Haus mit einem schon vorhandenen Gartenteich gezogen sind, können Sie natürlich nicht sicher sein, was dort wächst. Am besten, Sie holen einige Proben aus dem Wasser und vergleichen diese mit Pflanzen, die im Fachhandel angeboten werden. Sie können sich dort auch beraten lassen. Die Tatsache, dass eine Pflanze den ganzen Teich überwuchert, muss nicht bedeuten, dass es sich um ein Unkraut handelt. Es kann sein, dass die Pflanze jahrelang nicht ausgedünnt und zurückgeschnitten worden ist. Machen Sie sich die Mühe herauszufinden, was in Ihrem Teich wächst, bevor Sie alles wegwerfen und von vorne anfangen.

Es gibt allerdings einige Pflanzen, die Sie schleunigst aus einem Zierteich entfernen sollten. Dazu gehört der Große Rohrkolben (*Typa latifolia*), der sich rasend schnell ausbreitet, wenn man ihm nicht Einhalt gebietet.

Kann ich meinen Teich mit Leitungswasser auffüllen?

Ja, Sie können Leitungswasser benutzen, auch wenn es nicht ideal ist. Regenwasser ist in jedem Fall für einen Teich besser. Wenn die Entfernungen nicht zu groß sind, können Sie alle Regenrinnen von Haus und Schuppen verbinden und eine Zuleitung zum Teich schaffen.

Natürlich lässt sich das nicht unbedingt in jedem Garten verwirklichen. Außerdem regnet es ja auch oft lange nicht. Wenn Sie keine Möglichkeit haben, Regenwasser zu sammeln, muss Leitungswasser verwendet werden.

Das Problem mit dem Leitungswasser ist der hohe Gehalt an Mineralien, die bei regelmäßigem Nachschub im Teich das Algenwachstum fördern. Außerdem ist Leitungswasser meist kälter als das Wasser im Teich. Sie sollten das Wasser in kleinen Portionen über mehrere Tage hinweg einfüllen, damit Fische und andere Tiere sich nicht gestört fühlen.

Wie bekomme ich Schädlinge und Krankheiten in den Griff, die meine Pflanzen im und am Teich befallen?

Fast alle Pflanzen bekommen irgendwann Krankheiten oder Schädlinge, und Wasserpflanzen bilden hier keine Ausnahme. Zur Beruhigung: Die meisten Krankheiten und Schädlinge machen die Pflanzen zwar unansehnlich, fügen ihnen aber keinen ernsthaften Schaden zu.

Schädlinge an Teichpflanzen sollten nie mit Chemikalien bekämpft werden, denn diese können Fische oder andere Tiere im Teich erheblich schädigen. Benutzen Sie natürliche organische Mittel. Auch für Pflanzen am Ufer raten wir zu biologischer Behandlung, da Chemikalien vom Uferrand leicht ins Wasser gelangen.

Manche Tiere im Teich helfen bei der Vernichtung von Ungeziefer: Sprühen Sie Insekten mit dem Gartenschlauch von den Pflanzen – die Tiere werden sich darauf stürzen!

Aufgaben im Sommer

- Setzen Sie im Frühsommer frostempfindliche Pflanzen, die im Gewächshaus überwintert haben, nach draußen.
- Füllen Sie Wasser nach, wenn nötig.
- Halten Sie Algen unter Kontrolle. Holen Sie Algen mit dem Rechen heraus oder benutzen Sie ein Algenmittel aus dem Fachhandel.
- Holen Sie Unterwasserpflanzen und Schwimmpflanzen, die zu stark wachsen, heraus.
- Entfernen Sie stark wachsende Uferpflanzen.
- Jäten Sie Unkraut im Sumpfgarten.
- Füttern Sie die Fische regelmäßig.
- Untersuchen Sie die Pflanzen im Hinblick auf Krankheiten und Schädlinge.

Mein Teichufer ist von Unkraut überwuchert. Kann ich Unkrautvernichtungsmittel benutzen?

Wir raten davon ab, da die Auswirkungen der Chemikalien auf Fische und andere Tiere dramatisch sein können. Selbst eine winzige Menge Unkrautvertilger im Wasser kann das gesamte Gleichgewicht des Teiches erheblich stören und für manche Teichbewohner tödlich sein. Wenn möglich, entfernen Sie Unkraut per Hand.

Grundsätzlich sollte man in der Nähe von gesunden Pflanzen keine Unkrautvernichtungsmittel verwenden, da immer kleinste Tröpfchen mit dem Wind davongetragen werden. Diese können gesunde Pflanzen schädigen oder gar töten.

Am besten ist es, Sie verwenden Unkrautvernichtungsmittel nur ein einziges Mal: Bei einer Aufräumaktion im Garten, die Sie am besten machen, bevor Sie pflanzen oder einen Teich bauen oder Beete anlegen. Wenn Sie dabei systematisch vorgehen und in Zukunft regelmäßig Unkraut jäten, dürfte es kein Problem mit Unkraut geben. Wenn Sie später doch einmal Chemikalien verwenden müssen, sollten Sie sich im Gartengeschäft erkundigen, welches Produkt am wenigsten schädlich ist für einen Gartenteich.

Muss ich das Wasser im Teich jedes Jahr erneuern?

Nein, es ist grundsätzlich nicht nötig, das Wasser jedes Jahr zu erneuern. Es ist sogar besser, das Wasser zu lassen und nur aufzufüllen, wenn nötig. Selbst wenn das Wasser trüb ist und voller Algen, ist das Auslassen und Säubern des Teiches nicht unbedingt die Lösung des Problems (siehe Seiten 130–131). Es gibt wirklich nur einen Grund, das Wasser komplett zu wechseln: wenn es total verschmutzt ist, beispielsweise weil der Rasenmäher in den Teich gefallen ist und Öl und Benzin ausgelaufen sind.

Wie stelle ich sicher, dass immer ausreichend Sauerstoff im Wasser ist?

Es gibt eine einfache und zuverlässige Methode, mit der man ausreichende Mengen Sauer-

stoff im Wasser garantieren kann: das Anpflanzen von einer Vielzahl von Sauerstoff produzierenden Pflanzen (siehe Seiten 84–85). Sie müssten unter normalen Bedingungen genügend Sauerstoff produzieren. Wenn es allerdings sehr warm und gewittrig ist, kann das Wasser Sauerstoff manchmal nicht gut aufnehmen. Man sieht dann die Fische nach Luft schnappen. Dieses Problem kann vor allem in kleinen Teichen auftreten; große Teiche haben mehr Wasseroberfläche, von der Sauerstoff aufgenommen werden kann, und meist auch tiefere Zonen, in denen das Wasser kühl bleibt. Sie können kurzfristig Abhilfe schaffen, indem Sie den Gartenschlauch einige Zeit anschalten (siehe Foto oben) oder den Springbrunnen, wenn Sie einen haben. Die Alternative sind Teichbelüfter, die Sie im Fachhandel bekommen. Diese Geräte saugen frische Luft an und blasen sie ins Wasser.

Wie kann ich das Gras direkt am Teichufer schneiden?

Wenn Sie mit dem Rasenmäher nicht bis zum Teichufer gelangen, kann das daran liegen, dass das Ufer zum Teich hin abfällt. Sie sollten überlegen, die Wiese so nah wie möglich am Wasser zu begradigen und das Ufer neu zu befestigen. Das geht am besten mit Ziegelsteinen, hochkant stehenden Fliesen oder Pflastersteinen (siehe Abbildung unten).

Mit solch einer Uferbefestigung beugen Sie noch einem anderen Problem vor: Häufig fällt beim Rasenmähen Gras ins Wasser, das man nur schwer herausholen kann. Auch aus diesem Grund empfehlen wir, den Rasen nicht ganz bis zum Teichufer wachsen zu lassen.

Randbefestigungen für einen formalen Teich

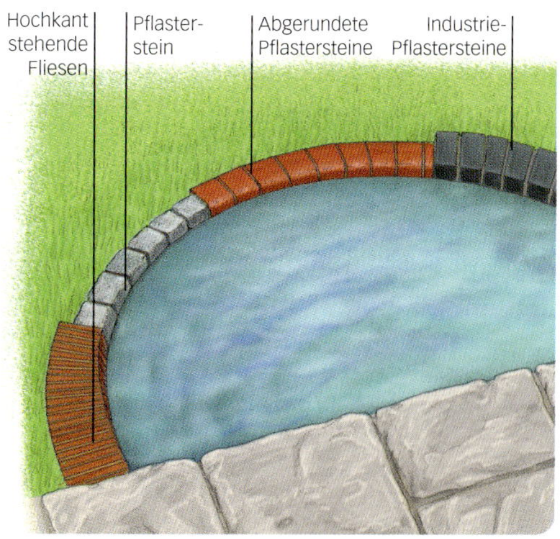

Herbst

Was mache ich mit den Blättern, die im Herbst in den Teich fallen?

Sie müssen möglichst verhindern, dass Laub in den Teich fällt. Die Blätter verfaulen im Laufe der Zeit, das Wasser fängt an zu stinken und der Teich verschlammt.

Es gibt zwei Möglichkeiten, diesem vorzubeugen. Sie können über den ganzen Teich während der Zeit, in der die Blätter fallen, ein feines Netz spannen. Am besten befestigen Sie es an mehreren Stellen mit Stöcken im Boden. Es gibt auch fertige Netze mit Rahmen für diesen Zweck.

Die andere Methode ist nicht so effektiv, erlaubt Ihnen aber weiterhin Zugang zum Wasser. Hierbei wird ein Netz nicht über den Teich gelegt, sondern an den Rändern entlang wie ein niedriger Wall aufgebaut. Sie können das Netz mithilfe von Gitterdraht und Bambusstöcken zu einem Zaun aufrichten. Die Blätter, die vom Wind durch den Garten geblasen werden, werden im Netz gefangen. Sie können die Blätter aus dem Netz holen und im Garten verwenden. Natürlich funktioniert diese Methode nicht, wenn die Bäume direkt am Teich stehen und die Blätter von überhängenden Ästen fallen.

Wenn beide Methoden Ihnen nicht zusagen, bleibt Ihnen nichts anderes übrig, als die Blätter mindestens einmal am Tag mit einem Rechen oder einem langstieligen Netz aus dem Teich zu fischen.

Kann ich meine Wasserhyazinthe über Winter draußen lassen?

Wasserhyazinthen (*Eichhornia crassipides*) haben kaum Chancen, in einem Gartenteich den Winter zu überleben. Sie können die Pflanze aber außerhalb des Teiches überwintern, wenn Sie ein Gewächshaus oder einen Wintergarten haben, wo die Lufttemperatur nicht unter 15° C fällt. Holen Sie etwas Schlamm vom Teichgrund

und geben ihn in ein flaches Tablett; auch Kompost ohne Erde eignet sich. Holen Sie die Hyazinthe aus dem Wasser und teilen Sie sie bei dieser Gelegenheit. Heben Sie nur die stark und gesund aussehenden Pflanzenteile auf. Geben Sie diese in den Schlamm oder Kompost, der immer nass sein muss. Die Pflanzen werden den Winter überstehen und können im nächsten Frühling wieder in den Teich gesetzt werden.

Was geschieht mit den Seerosen im Herbst?

Wenn Sie frostempfindliche Seerosen haben (siehe Seiten 94–95), müssen Sie sie natürlich aus dem Teich holen und überwintern. Sie sollten aber die anderen Seerosen und auch andere Schwimmblattpflanzen über Winter im Teich lassen, wo sie durch die Kälte auf natürliche Weise reduziert werden. Beim Verfaulen der Blätter der Seerosen bildet sich ein öliger Film auf der Wasseroberfläche. Am besten entfernen Sie die Blätter per Hand, sobald sie anfangen zu welken. Wenn bereits ein öliger Film auf dem Wasser schwimmt, können Sie diesen mit Zeitungspapier aufsaugen. Breiten Sie einige Blätter Zeitungspapier auf dem Wasser aus. Es saugt das Öl und anderen Schmutz auf, der auf der Oberfläche schwimmt.

Aufgaben im Herbst

- Holen Sie frostempfindliche Pflanzen zum Überwintern aus dem Teich
- Machen Sie Ableger von Pflanzen, von denen Sie nicht sicher wissen, ob sie den Winter im Teich überstehen.
- Schneiden Sie welke Zweige, Blätter und Blüten ab und entfernen Sie sie.
- Sorgen Sie dafür, dass kein Laub in den Teich fällt.
- Schneiden Sie Pflanzen, die durch frühen Frost geschädigt sind, zurück.
- Geben Sie den Fischen eine eiweißreiche Kost, bevor Sie weniger füttern.
- Holen Sie eine unbenutzte Pumpe im Winter heraus und reinigen sie diese.
- Wenn Sie in einer Gegend mit milden Wintern leben, lassen Sie den biologischen Filter im Wasser, denn die Algen wachsen auch im Winter weiter.

Winter

Ist es schlimm, wenn der Teich im Winter zufriert?

Wenn Sie in der Stadt leben, wird es nur in extrem harten Wintern passieren, dass der Teich komplett zufriert. Wenn Sie keine Fische im Teich haben, ist es übrigens nicht schlimm, wenn der Teich kurz zufriert. Sie sollten aber dafür sorgen, dass sich keine lang anhaltende geschlossene Eisschicht bildet.

Falls Sie Fische oder andere Tiere im Teich haben, müssen Sie dafür sorgen, dass zumindest einige Löcher in der Eisschicht bleiben, da sich unterhalb einer geschlossenen Eisdecke Faulgase bilden können. Eis kann außerdem Teichfolie beschädigen und unter Umständen sogar einen Riss in ein vorgefertigtes Becken und selbst in einen Teich aus Beton machen.

Wenn Sie den Teich eisfrei halten wollen, können Sie ihn mit einer Schicht Plastikfolie zudecken, wobei Sie dafür sorgen müssen, dass die Luft unter der Folie zirkuliert. Am besten entfernen Sie die Plastikfolie an milden Tagen für ein paar Stunden.

Eine zuverlässige Methode ist ein Eisfreihalter. Dieser schwimmt auf dem Wasser, wird mit Strom betrieben und hält eine kleine Fläche eisfrei.

Wenn sich eine dünne Eisschicht gebildet hat, stellen Sie einen Topf mit heißem Wasser auf die Eisschicht und schmelzen sie durch die Hitze. Versuchen Sie niemals, eine bereits geschlossene Eisdecke mit einem Hammer oder einem ähnlichen Gerät zu zerschlagen; die Erschütterung stört die Fische in der Winterruhe, und der Schock kann sie sogar umbringen.

Wenn Sie einen Teich aus Beton oder einen Fertigteich haben, können Sie mehrere große Stücke Styropor ins Wasser geben.

Eis kann übrigens auch Pumpen und Springbrunnen kaputtmachen, wenn sie sich nahe der Wasseroberfläche befinden. Am besten nehmen Sie alle Geräte aus dem Teich.

- **Mein Teich friert im Winter zu. Wie stelle ich fest, ob die Eisdecke dick genug ist, um darauf zu gehen?**

Sie sollten unter gar keinen Umständen auf Ihren zugefrorenen Teich gehen. Selbst wenn der Teich nicht tief ist, könnten Sie sich verletzen, wenn die Eisdecke einbricht. Abgesehen von den Verletzungen, die Sie sich selbst zuziehen könnten, kann der zusätzliche Druck Ihres Gewichts die Teichfolie bzw. das Teichbecken erheblich beschädigen.

- **Ist Eis schädlich für Fische?**

In gemäßigtem Klima wird es in der Regel nicht so kalt, dass nicht an der tiefsten Stelle im Teich noch etwas Wasser vorhanden wäre. Das Eis selbst ist nicht schädlich für die Fische, doch eine geschlossene Eisdecke auf dem Wasser kann schlecht sein, da giftige Gase nicht mehr aus dem Wasser steigen können und es somit langsam vergiften. Versuchen Sie unbedingt, zumindest eine kleine Fläche eisfrei zu halten, damit die Faulgase entweichen können.

- **Mein Teich liegt im niedrigsten Teil des Gartens, der ein echtes Frostloch ist. Im Winter friert der Teich immer zu. Kann ich etwas dagegen tun?**

Sie können alle in diesem Kapitel bisher beschriebenen Schritte unternehmen, wenn sich bereits Eis auf dem Wasser gebildet hat. Sie können aber auch versuchen, das ganze Gebiet um den Teich ein bisschen zu erwärmen, so dass das Wasser nicht immer zufriert.

Meist entsteht das Problem dadurch, dass sich kalte Luft durch den Garten bewegt und an der niedrigsten Stelle im Garten an einem Zaun oder einer Hecke sammelt. Wenn die Böschung am Ende Ihres Gartens noch weitergeht, könnten Sie die Hecke etwas ausdünnen oder einige Löcher in den Zaun machen, so dass sich die kalte Luft weiter den Hang hinunter bewegen kann und weniger kalte Luft am Teich zurückbleibt. Zumindest dürfte er nicht mehr ganz so häufig zufrieren.

- **Kann ich meinen Springbrunnen im Winter nutzen?**

Wenn in Ihrer Gegend die Temperaturen im Winter über einen längeren Zeitraum unter null fallen, ist es besser, den Springbrunnen nicht zu benutzen. Sie sollten in diesem Fall auch die Pumpe aus dem Wasser holen und im Gewächshaus aufheben. Wenn Sie aber nur selten Frost haben, können Sie den Springbrunnen im Winter nutzen. Achten Sie trotzdem auf die Wettervorhersage und schalten Sie den Springbrunnen einige Tage ab, wenn es richtig kalt wird.

Ein anderes Problem mit Springbrunnen im Winter ist der Wind, der oft sehr stark und kalt ist und das Wasser unter Umständen über das Teichbecken hinaus versprüht. Wenn Sie eine Tauchpumpe nutzen und diese nicht komplett mit Wasser bedeckt ist, wird sie früher oder später kaputtgehen.

Aufgaben im Winter

- Holen Sie frostempfindliche Seerosen und Zwergseerosen zum Überwintern aus dem Wasser.
- Schalten Sie Pumpen und Springbrunnen ab, wenn Gefahr besteht, dass sie einfrieren.
- Stören Sie die Fische nicht in der Winterruhe.
- Wenn Sie eine Pumpe im Teich haben, legen Sie sie höher, damit sie nur die oberen kalten Wasserschichten bewegt, wobei die Fische im tiefen wärmeren Wasser nicht gestört werden.
- Sorgen Sie dafür, dass sich keine geschlossene Eisdecke bildet.
- Wenn nötig, geben Sie einen elektrischen Eisfreihalter in den Teich.
- Füttern Sie die Vögel im Garten.

Allgemeine Probleme

Wie kann ich meinen Teich zuschütten?

Wenn Sie den Teich tatsächlich für immer loswerden wollen, ist es am besten, die ganze Folie zu entfernen, da diese später stören könnte. Wenn Ihnen das zu viel Arbeit ist, Sie aber auf dem Gebiet des zugeschütteten Teiches in Zukunft pflanzen möchten, müssen Sie die Folie an Boden und Wänden mit einer Heugabel viele Male einstechen, damit Wasser durch die Löcher abfließen kann. Ansonsten wird das ganze Gebiet bei starkem Regen langsam voller Wasser laufen und unter Umständen anfangen zu stinken und zu versumpfen. Wenn Sie ein Fertigbecken im Garten haben, wird diese Arbeit allerdings etwas schwieriger.

Geben Sie Sand oder Erde auf die zerlöcherte Folie und darauf eine Schicht hochwertigen Lehm.

Die Alternative zur Trockenlegung ist ein Sumpfgarten (siehe Seiten 32–33).

Im Teich schwimmt Öl vom Fahrrad meines Sohnes. Wie kann ich es entfernen?

Dieses Problem ist nicht ganz leicht zu lösen, aber übrigens weit verbreitet – wobei es sich in den meisten Fällen um Öl vom Rasenmäher handelt. Ein einziger Tropfen Öl verbreitet sich über eine große Fläche, und dadurch erscheint das Problem noch schlimmer, als es in Wirklichkeit ist. Legen Sie einige Blätter Zeitungspapier auf das Wasser; es wird den Großteil des Öls aufsaugen. Wenn es sich um eine geringe Menge handelt, wird der Rest nach und nach von selbst verschwinden, ohne allzu viel Schaden angerichtet zu haben.

Wenn allerdings eine richtig große Ölschicht auf dem Wasser schwimmt, müssen Sie sofort handeln. Die erste Rettungsmaßnahme gilt den Fischen. Geben Sie sie sofort ins erstbeste Gefäß, das für diese Notfallmaßnahme durchaus mit Leitungswasser gefüllt sein darf. Stellen Sie das Gefäß in den Schatten und sorgen Sie dafür, dass das Wasser ausreichend Sauerstoff enthält (siehe Seiten 122–123). Kümmern Sie sich dann um den Ölteppich. Ziehen Sie ein großes Stück Holz langsam über die Wasseroberfläche. Es sollte zumindest einen Teil des Öls mitnehmen. Wenn das Öl sich auf diese Weise nicht entfernen lässt, müssen Sie den Teich leeren, die Folie bzw. andere Auskleidung gründlich waschen und auch die Pflanzen gründlich abwaschen. Wenn alles gesäubert ist, wird der Teich mit frischem Wasser aufgefüllt (siehe Seiten 118–119).

Falls Sie eine große Menge verschmutztes Wasser haben, müssen Sie sich bei der Gemeinde erkundigen, wo sie das Wasser am besten entsorgen. Sie dürfen es auf gar keinen Fall ins Abwasser gießen.

Kann ich in meinem Teich eine Insel bauen?

Wenn Sie sicher sind, dass der Teich stabil genug gebaut ist, um nicht unter dem zusätzlichen Gewicht der Insel zu verrutschen, können Sie selbstverständlich eine Insel bauen. Es macht viel Arbeit, ist aber nicht wirklich schwierig. Natürlich muss die Insel auf Teichvlies gebaut werden, damit sie die Auskleidung des Teiches nicht kaputtmacht. Auch Fertigbecken müssen unbedingt mit Teichvlies geschützt werden, wenn Sie eine Insel bauen möchten – wobei die meisten Fertigteiche ohnehin zu klein dafür sind.

Um die Insel zu bauen, müssen Sie das Wasser aus dem Teich lassen. Am einfachsten ist es, wenn Sie einen Block aus Beton in den Teich

Schwimminseln

Wenn Sie bereits einen fertigen Teich haben, ist es einfacher, eine Schwimminsel zu bauen. Diese besteht im Grunde aus einem Holzfloß in beliebiger Größe, das am Boden des Teiches verankert ist.

bauen und auf diesen eine Art Einfassung aus Ziegelsteinen oder anderen attraktiven Materialien anbringen.

Wenn die Insel klein ist, sollte der Betonblock unter der gesamten Fläche der Insel sein. Bei einer großen Insel ist es besser, Betonpfeiler in größeren Abständen zueinander zu bauen. Lassen Sie sich im Baumarkt beraten.

Eine billige und schnelle Alternative ist, eine Insel aus Sandsäcken zu bauen, die wie Dachziegel überlappend aufeinander gelegt werden. Dies mag zunächst nicht sehr schön aussehen. Aber später befestigen Sie Holzbretter auf den Sandsäcken, die aus dem Wasser ragen – fertig ist die Insel.

Wenn Sie einen natürlichen Teich aus Lehm bauen, ist die Planung einer Insel relativ einfach: Man lässt einen Block in der Mitte des Teiches, an der die Insel sein soll, stehen und gräbt um ihn herum das Becken aus. Dann dichtet man diese Erhebung ebenso mit Lehmschlag ab, wie man den Boden und die Wände des Teiches abdichtet. Wenn die Ufer der Insel einzustürzen drohen, muss man sie mit Holz oder Steinen befestigen. Auch Pflanzen wirken der Erosion des Bodens entgegen.

Häufig auftretende Probleme

Verfärbtes Wasser

Ich habe grünen Schleim im Teich. Was ist das?

Zu den schlimmsten Problemen, mit denen ein Teichbesitzer zu kämpfen hat, gehören Algen. Nicht alle Algen sind schädlich, manche produzieren sogar Sauerstoff, dienen als Futter für Fische und andere Tiere und außerdem nehmen sie viele Nährstoffe auf, die im Leitungswasser sind. Doch Probleme entstehen, wenn die Algen überhand nehmen und sich im ganzen Teich ausbreiten (siehe Foto unten). Es gibt viele verschiedene Arten von Algen; die meisten sind grün, es gibt aber auch rote und blaue. In Gartenteichen findet man am häufigsten zwei Sorten: die Schwebealgen, die das Wasser wie grüne Suppe aussehen lassen, und die Fadenalgen, die Matten bilden.

Ein gesunder Teich hat nur selten Probleme mit Algen, also sollte Ihre Priorität sein, ein gesundes Gleichgewicht im Teich zwischen Pflanzen und Tieren zu schaffen, wobei es wichtig ist, dass kein Teichbewohner dominiert. Vor allem Fische sollten nur in verträglichen Zahlen

vorhanden sein. Ein Überangebot an Nährstoffen im Wasser ist ein Hauptgrund für übermäßiges Algenwachstum. Versuchen Sie, den Teich möglichst mit Regenwasser aufzufüllen, um die Anzahl an Nährstoffen gering zu halten. Sorgen Sie dafür, dass keine verwelkten Blätter im Teich treiben, die verfaulen und das Gleichgewicht des Wassers stören. Sorgen Sie für eine ausreichende Menge an Sauerstoff produzierenden Unterwasserpflanzen; diese nutzen Nährstoffe, die sonst von Algen genutzt werden. Algen brauchen außerdem Sonne; Seerosen und andere Pflanzen, die einen Teil der Wasseroberfläche bedecken, lassen weniger Sonnenlicht durch und verhindern dadurch ebenfalls die Entwicklung von Algen.

Man hört auch oft, dass Gerstenstroh im Wasser helfen soll, Algenwuchs unter Kontrolle zu halten. Geben Sie im Frühling einen kleinen Standardballen Gerstenstroh pro 25 000 Liter Wasser in den Teich. Am besten verpacken Sie den Ballen in Jute oder ein Netz, damit kein lockeres Stroh nach oben treibt. Anscheinend ist Gerstenstroh das einzig wirksame Stroh.

Manche Algen kann man mit einem Filtersystem in Schach halten. Die Systeme basieren entweder auf einem mechanischen Filter, bei dem das Wasser durch Sand oder eine ähnliche Substanz geführt wird oder auf dem Einsatz von ultraviolettem Licht, das ebenfalls Algen abtötet (siehe Seiten 64–65).

Mein Teich ist voller Fadenalgen. Wie kann ich sie loswerden?

Wenn erst einmal eine große Menge an Fadenalgen auf dem Wasser schwimmt, ist es nicht einfach, sie wieder loszuwerden. Am besten holen Sie sie mit einem Rechen aus dem Wasser, wobei Sie sehr vorsichtig sein müssen, damit Sie die Teichfolie nicht beschädigen.

Eine ähnliche Methode ist, die Algen um einen langen gegabelten Ast zu wickeln und so

aus dem Teich zu ziehen. Es ist allerdings mühsam, und auf diese Weise werden Sie nicht alle Algen erwischen. Es gibt natürlich Algenmittel im Handel; diese müssen mit allergrößter Vorsicht verwendet werden, denn viele von ihnen töten nicht nur die Algen ab, sondern auch andere Pflanzen und Tiere im Teich. Chemikalien sollten wirklich nur dann verwendet werden, wenn alle anderen Methoden versagt haben. Kaufen Sie das Mittel nur im Fachhandel und halten Sie sich ganz genau an die Anleitung.

Manche Algen kann man mithilfe eines Filters entfernen (siehe Seiten 64–65).

Welche Methode auch immer Sie wählen, machen Sie nicht den Fehler, den Teich zu leeren. Die Algen bleiben an den Pflanzen und den Wänden hängen, und das Problem wird wieder auftreten, sobald frisches Wasser im Teich ist, vor allem wenn es sich um Leitungswasser handelt, das besonders viele Nährstoffe für Algen enthält. Wenn Sie so viele Algen wie möglich per Hand entfernt haben, müssen Sie versuchen, den Teich im Gleichgewicht zu halten, damit sie sich nicht wieder so stark vermehren.

- **Ich habe meinen Teich aus Lehmschlag mit Wasser gefüllt, und nun ist es trüb. Wird es im Laufe der Zeit klar?**

Teiche aus Lehmschlag bleiben nach dem Bau oft für einige Zeit trüb, da winzige Lehmpartikel im Wasser schwimmen. Diese sinken im Laufe der Zeit auf den Grund, und dann wird das Wasser klarer. Wenn das Wasser aufgewühlt wird, kann es sein, dass diese Partikel erneut nach oben gewirbelt werden und der Teich wieder vorübergehend trüb ist. Dies kann vor allem durch einen Wasserfall oder einen Bach geschehen oder aber durch Fische und Vögel, die am Grund des Teiches nach Nahrung suchen.

- **Das Wasser in meinem Teich sieht milchig aus. Was ist passiert?**

Milchiges Wasser wird meist dadurch verursacht, dass organisches Material verfault. Vermutlich haben Sie eine große Menge an verfaulten Blättern und Stängeln am Grund des Teiches. Wenn Sie einen Miniteich haben, können auch ein toter Frosch oder eine tote Kröte Ursache für die Trübung des Wassers sein. Wenn möglich, sollten Sie den Teich ganz entleeren (siehe Seiten 118–119). Wenn das nicht geht, wechseln Sie etwa ein Viertel des Wassers mehrere Male aus.

- **Wieso ist das Wasser in meinem Teich braun?**

Die wahrscheinlichste Ursache für braunes Wasser ist, dass Fische den schlammigen Grund des Teiches aufwühlen. Wenn Sie einen kleinen Folienteich oder einen Teich aus einem Fertigbecken haben, dürfte das Problem eigentlich nicht auftreten, es sei denn, Sie haben den Schlamm über die Jahre nie entfernt und Fische wie Koi eingesetzt, die es lieben, den Teichgrund zu erforschen.

Die Verfärbung des Wassers ist jedenfalls nicht schädlich, und wenn Sie einen Naturteich haben, ist leicht getrübtes Wasser sogar besser für die Tiere als reines kristallklares Wasser.

Die braune Farbe des Wassers entsteht durch winzig kleine anorganische Partikel, die im Wasser schweben. Sie können im Fachhandel Chemikalien kaufen, um dieses Problem zu beseitigen, aber die Chemikalien sorgen lediglich dafür, dass die Partikel zum Grund des Teiches sinken. Die Verfärbung des Wassers wird immer wieder auftreten, es sei denn, Sie unternehmen etwas dagegen, dass der Schlamm am Grund des Teiches aufgewirbelt wird.

Wuchernde Pflanzen

Ich bin kürzlich umgezogen, und der Gartenteich im neuen Haus ist völlig zugewachsen. Was soll ich tun?

Wenn Sie die Pflanzen als Unkraut oder wild wuchernde Wasserpflanzen identifizieren können, ist es am besten, Sie entfernen alle und fangen ganz von vorne an. Wenn Sie hingegen der Meinung sind, einige der Pflanzen sind kostbar und sollten gerettet werden, sollten Sie genau jene aus dem Teich holen, teilen und umtopfen. Prüfen Sie jede Pflanze ganz genau im Hinblick auf Unkraut und Krankheiten. Am besten waschen Sie die ganze Erde von den Wurzeln ab und benutzen frische Teicherde zum Umtopfen.

Sie werden schnell herausfinden, welche Pflanzen sich am stärksten verbreitet haben, und Sie sollten auf diese verzichten, denn sie werden sich höchstwahrscheinlich auch künftig wieder schnell ausbreiten.

Ob Sie die Pflanzen behalten oder einen Teil entfernen – in jedem Fall müssen Sie für die Neubepflanzung des Teiches eine gute Balance zwischen den einzelnen Pflanzen haben. Vergessen Sie nicht die Sauerstoff produzierenden Unterwasserpflanzen und Pflanzen für die Tiefwasserzone sowie Uferpflanzen.

Mein Teich ist total überwachsen. Wie kann ich die Menge der Pflanzen verringern?

Am besten ist es, wenn Sie alle extrem starkwüchsigen Pflanzen komplett entfernen. Wenn Sie das getan haben, können Sie nochmals überlegen, ob Sie weiter ausdünnen müssen oder ob der Teich mit den verbliebenen Pflanzen akzeptabel ist.

Auch normalwüchsige Pflanzen werden im Laufe der Zeit zu groß und müssen zurückgeschnitten werden. Aber das gehört ja ohnehin zu den normalen Aufgaben des Gärtners.

Mein Teichwasser ist mit Wasserlinse komplett bedeckt. Wie kann ich sie loswerden?

Mit diesem Problem haben die meisten Teichbesitzer zu kämpfen; es ist besonders frustrierend, da die Wasserlinse (*Lemna*, Foto siehe gegenüberliegende Seite) kommt und geht: In manchen Jahren werden Sie keine Probleme haben, im nächsten Jahr sieht der Teich aus, als hätte jemand einen hellgrünen Teppich hineingelegt.

Es ist schwierig, Wasserlinse komplett loszuwerden, da die Pflanzen winzig sind. Auch wenn Sie mit größter Sorgfalt Pflanzen entfernen, wird immer mal wieder ein Pflänzchen, das sich an anderen Pflanzen festhält, entkommen und alles fängt von vorne an.

Trotzdem sollten Sie es versuchen: Holen Sie die Pflanzen mit dem Rechen von der Wasseroberfläche. Am besten machen Sie das an einem windigen Tag, an dem sich der Großteil der Pflanzen ohnehin in einer Ecke des Teiches gesammelt hat, von wo man sie leichter entfernen kann.

Eine andere Möglichkeit ist, ein Brett langsam über die gesamte Wasserfläche zu ziehen, so dass sich alles Unkraut an einer Stelle sammelt. Sie können auch versuchen, die Pflanzen mit einem harten Strahl des Gartenschlauchs in eine Ecke des Teiches zu befördern, an die Sie gut herankommen.

Die Wasserlinse sollte nur nach reiflicher Überlegung in einen Teich gesetzt werden. Sie hat übrigens auch ihre guten Seiten: Wenn Sie sie in einem kleinen Teich einsetzen, bietet sie im Frühjahr Versteckmöglichkeiten für Fische, bevor die Seerosenblätter groß genug sind. Außerdem sorgt ein kleiner Teppich auf der Wasseroberfläche dafür, dass weniger Sonnenlicht in den Teich gelangt, was wiederum dem Algenwuchs entgegenwirkt. Die Wasserlinse ist zudem gutes Fischfutter.

- **In meinem Teich hat sich Rohrkolben selbst ausgesät und bildet jetzt Kolonien, die ständig wachsen. Soll ich alle Pflanzen entfernen oder nur zurückschneiden?**

Großer Rohrkolben (*Typha latifolia*) und Schmalblättriger Rohrkolben (*Typha angustifolia*) sind für die meisten Gartenteiche viel zu groß, und es ist am besten, wenn Sie die Pflanzen komplett entfernen.

Ungeeignete Pflanzen für Folienteiche

Folienteiche eignen sich nicht für die großen Arten des Rohrkolbens (*Typha*), außerdem sollten Sie auch Igelkolben (*Sparganium erectum*) meiden, der bis zu 1,5 m hoch wächst. Nicht geeignet ist außerdem Schilf (*Phragmites australis*), das bis zu 3 m hoch werden kann. Diese Pflanzen verbreiten sich nicht nur extrem schnell, sondern sie haben auch starke Wurzeln, die die Teichfolie beschädigen können.

Rohrkolben schafft nicht nur Probleme durch sein immenses Wachstum, sondern auch wegen seiner Wurzeln, die dicke Rhizome bilden. Diese Rhizome können die Teichfolie beschädigen, wodurch Lecks entstehen.

Wenn Sie einen sehr großen natürlichen Teich haben, können Sie vielleicht mit den starkwüchsigen Pflanzen umgehen; sie sind sehr attraktiv und bieten gute Versteckmöglichkeiten für Tiere. Aber Sie müssen die Pflanzen unter Kontrolle halten und jedes Frühjahr die Anzahl der Stängel und Sprosse unter Wasser reduzieren. Das geht nur, indem Sie mit hohen Wasserstiefeln in den Teich waten und die Stängel per Hand herausreißen.

Diese brutale Methode wird den Rohrkolben zumindest davon abbringen, sich immer weiter zu verbreiten. Wenn es Ihnen gelingt, die Pflanze auf ein kleines Gebiet am Teich zu beschränken, ist das ideal. Aber seien Sie gewarnt: Wenn Sie das Ausdünnen in einem Frühling vergessen, kann der Teich im Jahr darauf mit Rohrkolben zugewachsen sein.

Vernachlässigte Teiche

- **Im Garten ist ein alter Teich, der voller Abfall ist. Kann er wieder belebt werden? Wenn ja, wie mache ich das?**

Grundsätzlich gibt es keinen Grund, warum man einen vernachlässigten Teich nicht wieder zum Leben erwecken sollte, vor allem, wenn er Wasser enthält, was darauf schließen lässt, dass die Auskleidung des Teiches intakt ist. Überprüfen Sie die Folie oberhalb des Wasserspiegels, sie könnte durch Sonnenlicht beschädigt worden sein. Vor allem die früher verbreiteten Folien waren nicht so stabil wie der heute übliche Butyl-Kautschuk.

Wahrscheinlich ist es am einfachsten, wenn Sie den Teich entleeren, bevor Sie mit den Reparaturen anfangen. Wenn der Teich leer ist, können Sie besser sehen, wo die Probleme liegen, außerdem ist das Arbeiten im nicht befüllten Teich natürlich leichter. Geben Sie Acht, dass Sie die Folie nicht beschädigen, vor allem, wenn Sie darauf gehen.

Holen Sie allen Abfall aus dem Teich, außerdem alle Pflanzen in Pflanzkörben. Lassen Sie das Wasser komplett aus. Wenn der Teich höher liegt als der Rest des Gartens, können Sie das Wasser ablaufen lassen, wenn der Teich versenkt ist, müssen Sie es abpumpen oder mühsam abschöpfen.

Nehmen Sie alle anderen Pflanzen auch heraus und entfernen Sie Dreck und Schlamm vom Teichgrund (dieser Schlamm kann auf den Kompost gegeben werden). Waschen Sie den Teich gründlich. Bürsten Sie Algen und Schmutz von den Wänden ab, und spritzen den Teich dann mit dem Gartenschlauch aus. Pumpen Sie das Schmutzwasser ab. Unter Umständen müssen Sie diesen Vorgang mehrmals wiederholen.

Untersuchen Sie die Folie auf Risse oder Brüche (siehe Seiten 136–137).

Wenn Sie im neuen Teich Erde auf dem Grund möchten, besorgen Sie sich eine Schicht frischen Lehm. Verwenden Sie nichts von dem,

was Sie aus dem Teich geholt haben, und keine normale Gartenerde, die voller Unkraut sein könnte. Wenn Sie fertig sind, füllen Sie Wasser in den Teich.

- **Meine Seerose hat zahlreiche Blätter, von denen einige weit aus dem Wasser ragen. Aber sie hatte noch nie eine Blüte. Soll ich sie wegwerfen?**

Wenn die Blätter von Seerosen über die Wasseroberfläche hinauswachsen, ist das ein sicheres Zeichen dafür, dass sie geteilt und umgetopft werden müssen. Auch die Tatsache, dass die Seerose nicht blüht oder die Blüten winzig sind, ist ein sicheres Zeichen dafür, dass etwas unternommen werden muss.

Seerosen profitieren immer davon, wenn man alte Wurzeln und Stängel entfernt und junge frische Pflanzen in spezielle Teicherde pflanzt. Nehmen Sie die Seerose im Spätfrühling oder Frühsommer aus dem Wasser und waschen Sie die alte Erde von den Wurzeln. Pflanzen Sie die Seerose in frische Erde. Entfernen Sie den alten Mittelteil des Wurzelballens.

Ein Strauch im Garten ist so sehr gewachsen, dass er über den Teichrand hängt, wodurch ich andere Pflanzen nicht mehr sehen kann. Soll ich den Strauch entfernen?

Das hängt von der Arte des Strauches ab. Einige Formen beispielsweise von Weiden (*Salix*) können bis ganz am Boden gekappt werden. Sie wachsen bald wieder, aber es dauert Jahre, bis sie richtig groß sind. Dann können Sie sie wieder kappen.

Viele andere Sträucher kann man zurückschneiden, allerdings nicht so radikal wie Weiden. Wenn es sich um einen Strauch handelt, den man nicht zurückschneiden kann, ohne ihn zu schädigen oder seine Form zu ruinieren, sollten Sie überlegen, ob Sie ihn ausgraben und durch einen anderen Strauch ersetzen, den man zurückschneiden kann. Einige immergrüne Sträucher, beispielsweise Berglorbeer (*Kalmia*, siehe Foto rechts) erholen sich nur langsam von

einem starken Rückschnitt, doch manche Formen von Hartriegel (*Cornus alba*) werden in erster Linie wegen ihrer farbigen Stängel gepflanzt; sie vertragen einen extremen Rückschnitt jedes Jahr.

Sträucher und Bäume für das Teichufer

Folgende Sträucher und kleine Bäume eignen sich besonders gut für Standorte am Teich in einem kleinen Garten. Wenn Sie einen neuen Baum oder Strauch in Teichnähe einpflanzen, müssen Sie darauf achten, dass dieser nicht dauerhaft Schatten über den Teich wirft.

Für uns auf der nördlichen Halbkugel der Erde heißt das, dass man Bäume und Sträucher an der Nordseite des Teiches pflanzt. Die Größen bei den Pflanzen geben Höhe x Breite an.

- Berglorbeer (*Kalmia latifolia*) 3 x 3 m (siehe Foto rechts unten)
- Knöpfchenblume (*Cephalanthus occidentalis*): 2 x 2,5 m
- Ontario-Pappel (*Populus x candicans*) 15 x 6 m
- Pimpernuss (*Staphylea holocarpa*): 3 x 6 m
- Rosa Strauch-Eberesche (*Sorbus vilmorinii*): 5 x 5 m
- Salweide (*Salix caprea „Kilmarnock"*): 2 x 2 m (siehe Foto rechts oben)
- Schwarzbirke (*Betula nigra*): 18 x 12 m
- Weißbunter Hartriegel (*Cornus stolonifera*): 2 x 4 m
- Weißer Hartriegel (*Cornus alba*): 3 x 3 m
- Weißerle (*Alnus incana „Pendula"*): 10 x 6 m

Leck im Teich

Ich habe einen Folienteich, und er scheint undicht zu sein. Was kann ich tun?

Wenn Sie Folie aus Butyl-Kautschuk verwendet haben, sollten Sie versuchen, das Leck zu reparieren. Das geht ganz leicht mit einem Rest Folie. Die anderen Folien lassen sich nicht so leicht reparieren. PVC beispielsweise wird sehr brüchig, und wenn diese Folie zehn Jahre oder älter ist, lohnt sich eine Reparatur nicht mehr.

Unabhängig von der Art der Folie müssen Sie den Teich bis unterhalb des Lecks ausleeren. Säubern Sie die Folie um den Riss mit einer Bürste und Wasser und lassen Sie sie trocknen. Geben Sie etwas Lösungsmittel, beispielsweise Feuerzeuggas, auf ein Tuch und wischen Sie die Stelle um das Leck sauber.

Es gibt Reparatursets für Folienteiche, die Sie im Fachhandel bekommen. Für kleine Löcher kann man ein Stück selbstklebende Folie nehmen. Wenn Sie Reste von der ursprünglichen Teichfolie übrig haben, können Sie diese mit Spezialkleber über den Riss oder das Loch kleben. Wenn der Riss größer ist, sollten Sie das Folienstück mithilfe einer Hitzequelle festschweißen. Schweißen ist überhaupt die beste Methode für Reparaturen, wenn auch nicht gerade die einfachste oder schnellste.

Erkundigen Sie sich im Fachgeschäft nach der besten Reparaturmethode für die jeweilige Folie. Warten Sie nach der Reparatur eine Nacht, bevor Sie den Teich wieder füllen.

Ich habe einen Fertigteich aus glasfaserverstärktem Kunststoff, der undicht ist. Kann ich ihn reparieren?

Grundsätzlich kann man einen Teich aus glasfaserverstärktem Kunststoff reparieren, doch Sie müssen die Ursache des Lecks herausfinden. Wahrscheinlich war das Becken an einer Stelle nicht ausreichend mit Sand unterlegt, bzw. der Sand kann bei starkem Regen weggeschwemmt worden sein. Eine andere mögliche Ursache ist, dass das Becken nicht ganz gerade saß und sich durch das Gewicht des Wassers bewegt hat, was einen Riss verursachen kann. Wenn Sie die Ursache nicht herausfinden und beseitigen, lohnt sich die Reparatur des Teiches kaum, weil der nächste Riss bestimmt kommt.

Es ist auch hier wichtig, die betroffene Fläche vorab zu behandeln. Reinigen Sie sie zunächst mit Bürste und Wasser und wischen sie dann mit einem Lösungsmittel und einem weichen Tuch ganz sauber. Rauen Sie die Oberfläche um das Loch herum auf. Rühren Sie eine Kunstharzmasse an und tragen sie auf der Oberfläche auf. Für ein kleines Loch kann dies schon genügen; wenn Sie ganz sichergehen wollen, können Sie eine glasfaserverstärkte Kunststoff-

Reparatur der Teichfolie aus Butyl-Kautschuk

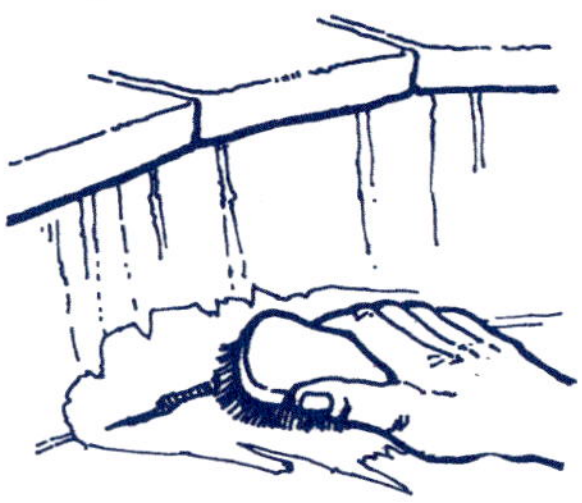

1 Säubern Sie die kaputte Stelle gründlich. Entfernen Sie auch feinsten Staub, sonst hält der Flicken nicht.

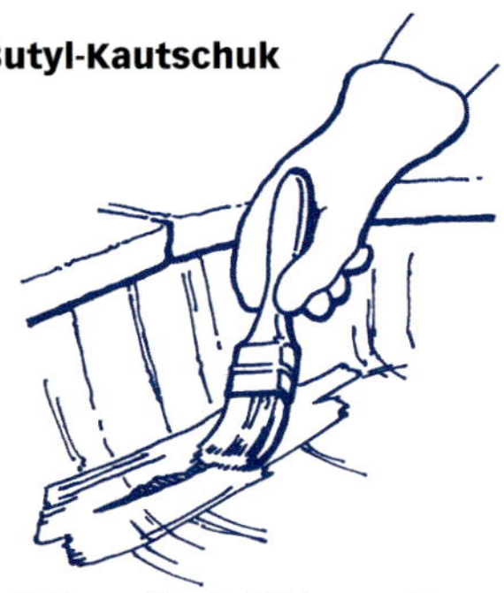

2 Rauen Sie die Fläche um den Riss auf. Streichen Sie mit einem Malerpinsel Klebstoff auf und neben den Riss.

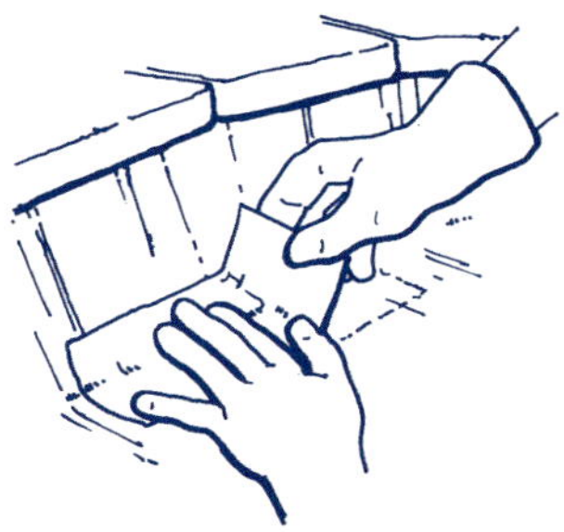

3 Geben Sie Klebstoff auf eine Seite des Flickens. Wenn beide Klebestellen genug Klebstoff haben, drücken Sie den Flicken auf den Riss und pressen Sie ihn an.

Glasfaserverstärkter Kunststoff
Ein Betonteich lässt sich – außer mit Folie – auch noch anders reparieren: Man kann die Innenfläche des Beckens mit mehreren Schichten glasfaserverstärktem Kunststoff (GFK) bestreichen. GFK trocknet zu einer festen, wasserdichten Schicht. Sie können diese Arbeit selbst ausführen oder einen Fachmann engagieren, der vermutlich schneller und besser arbeitet.

matte darauf geben, die das Loch bedeckt. Den Kunstharz und die Matte bekommen Sie im Fachhandel. Glasfaser kann sehr scharf sein. Warten Sie daher etwa 24 Stunden, bevor Sie Wasser in den Teich füllen.

Mein Teich aus Lehmschlag leckt. Was kann ich dagegen tun?

Es ist sehr schwierig, in einem Teich aus Lehmschlag ein Leck zu finden. Es kann durch Wurzeln entstanden sein, die durch den Lehm gewachsen sind, oder durch ein Stück Holz, das sich in den Lehm gebohrt hat. Wenn das Loch gefunden ist, lässt es sich relativ leicht reparieren: Drücken Sie feuchten weichen Lehm an die Stelle und pressen Sie ihn an, bis er fest sitzt.

Auch Risse kommen vor, aber das geschieht in der Regel nur, wenn der Teich ausgetrocknet ist. Die wichtigste Regel lautet also, einen Teich aus Lehmschlag niemals austrocknen zu lassen, denn dann gibt es schnell Risse an den Rändern.

Mein Betonbecken hat einen Riss. Wie kann ich es reparieren?

Ein korrekt gebauter und versiegelter Teich aus Beton sollte ewig halten. Doch wenn ein Betonbecken nicht richtig gebaut wurde oder auf einem Gelände steht, dessen Untergrund sich bewegt, kann es zu Rissen im Beton kommen.

Wenn man die Ursache nicht beseitigen kann – wie beispielsweise Bewegungen des Untergrunds –, kann auch die beste Reparatur das Problem nicht beseitigen, und es wird immer wieder Risse geben.

Doch nicht immer ist die Lage so ernst. Viele kleine Risse können repariert werden. Leeren Sie das Becken und säubern Sie die Fläche um den Riss gründlich mit Bürste und Wasser. Es mag seltsam klingen, doch anschließend müssen Sie den Riss vergrößern. Fahren Sie mit einem Meißel am Riss entlang und machen ihn V-förmig. Bürsten Sie lockere Steinchen und Schmutz aus dem Spalt (das ist sehr wichtig) und füllen Sie den Spalt dann mit einer Mischung aus einem Teil Zement, zwei Teilen Sand und vier Teilen Kies.

Wir empfehlen, ein Dichtungsmittel und einen Klebstoff dazu zu geben, damit der Zement beim Trocknen nicht schrumpft (Sie bekommen alle Materialien im Baumarkt). Streichen Sie die reparierte Stelle mit dem gleichen Dichtungsmittel, das Sie beim Bau des Beckens verwendet haben.

Wenn der Teich so viele Risse hat, dass man ihn nicht reparieren kann, können Sie das Becken mit einem Teichvlies und Teichfolie aus Butyl-Kautschuk auskleiden. Sie müssen die Materialien am Rand des Beckens verstecken. Am einfachsten ist es, die Steinfliesen, mit denen der Beckenrand gestaltet ist, zu entfernen, die Folie dort zu verstecken und die Steinfliesen auf der Folie wieder festzumachen.

Kleiden Sie das Becken mit Vlies und Folie aus. Wenn die Risse nicht am Grund des Beckens sind, sollten Sie ein Loch in den Betonboden bohren, bevor Sie die Teichfolie verlegen, damit sich zwischen Folie und Betonbecken kein Wasser sammeln kann.

Undichte Lehmteiche
Sorgen Sie dafür, dass der Lehmteich immer voller Wasser ist. Wenn die Ufer Sonne und Wind ausgesetzt sind, trocknen sie schnell aus und bekommen Risse. Beim Nachfüllen fließt das Wasser durch diese Risse ab.

Probleme mit Pumpen und bewegtem Wasser

Das Wasser in meinem neuen Quellstein tröpfelt nur. Wie kommt das?

Wenn Sie die Pumpe für einen Springbrunnen im Reservoir einbauen, haben Sie die Möglichkeit, den Fluss des Wassers so einzustellen, dass er das obere Ende des Quellsteins bzw. Mühlsteins erreicht. Auch im Nachhinein können Sie diese Einstellung verändern, wenn Sie die Pumpe herausholen. Es kann auch sein, dass der Wasserstrahl völlig in Ordnung ist, Sie sich aber etwas anderes vorgestellt haben. Die Idee von Quellsteinen ist, dass das Wasser aus der Tiefe ganz sanft über den Stein und umgebene Kiesel läuft. Es soll die Steine immer feucht halten (siehe Foto unten). Manche Bausätze für Quellsteine haben eine etwas höhere Fontäne, die zumindest ein paar Zentimeter nach oben spritzt, doch meist kommt das Wasser in sehr sanftem Strahl nach oben.

Ich habe einen Brunnen mit einer Fontäne, die prima funktioniert, aber langweilig ist. Gibt es etwas Interessanteres?

Es gibt eine große Auswahl an verschiedenen Fontänen, die Sie in Ihren Springbrunnen einsetzen können. Man bekommt wirklich alles von einem einzelnen Strahl bis zu Wasserschleiern, die wie Kuppeln aus Glas aussehen. Lassen Sie sich im Fachgeschäft inspirieren und beraten. Sie werden ganz gewiss einen Aufsatz oder ein anderes Prinzip finden, dass Ihren Brunnen spannender macht.

Mein Brunnen ist nur ein Rinnsal. Was kann die Ursache dafür sein?

Es gibt mehrere mögliche Ursachen, wobei die wahrscheinlichste ist, dass die Pumpe mit Schlamm oder Blättern verstopft ist. Stellen Sie den Strom ab, holen Sie die Pumpe heraus und reinigen Sie sie gründlich. Geben Sie ein paar Ziegelsteine auf den Grund des Teiches und stellen Sie die Pumpe darauf, dann kann sie nicht so schnell wieder verschlammen.

Eine andere mögliche Ursache ist, dass der Filter verschmutzt ist. Manchmal geraten ganz kleine Partikel in den Filter und verstopfen die Düsen. Wenn Sie den Brunnen mit Leitungswasser versorgen und das Wasser in Ihrer Gegend hart ist, kann es sein, dass die Düse verkalkt ist. Reinigen Sie sie mit einem Mittel, mit dem Sie auch Wasserkocher und Duschköpfe säubern.

Sie können die Löcher auch mit einer Nadel aufstechen, wobei Sie aufpassen müssen, dass Sie die Löcher nicht versehentlich vergrößern.

Es kann auch sein, dass grundsätzlich etwas mit Pumpe oder Filter nicht in Ordnung ist. Dann

sollten Sie sich Hilfe vom Fachmann holen; es kann unter Umständen billiger sein, eine neue Pumpe zu kaufen als eine alte zu reparieren.

- **Ich habe einen Wasserfall mit einem darunter liegendem Becken. Das Wasser spritzt andauernd über den Rand des Beckens, wodurch das Reservoir ständig nachgefüllt werden muss. Wie kann ich Abhilfe schaffen?**

Die Vermutung liegt nahe, dass beim Design der gesamten Anlage Fehler gemacht worden sind. Doch bevor Sie alles auseinander nehmen, prüfen Sie den Wind. Wenn sich der Wasserfall an einer Stelle befindet, die starkem Wind ausgesetzt ist, wird immer etwas Wasser über den Beckenrand hinaus spritzen, vor allem, wenn der Wasserfall hoch ist. Falls dies die Ursache ist, sollten Sie einen Windschutz in Form von ein bis zwei Sträuchern errichten.

Wenn Steine im Becken liegen, könnten diese die Ursache des Problems sein. Es sieht sehr schön aus, wenn Wasser auf Steine im Becken fällt, doch hierbei spritzt das Wasser auch besonders hoch. Ändern Sie die Lage der Steine und beobachten Sie, ob sich der Fall des Wassers verändert. Möglicherweise müssen Sie die Steine herausnehmen, wenn das Wasser immer noch über den Beckenrand spritzt.

Vielleicht ist das Becken zu klein für den Wasserfall. Es ist viel Arbeit, das Becken zu vergrößern, aber die einzige Möglichkeit, das Problem zu lösen, wenn alle anderen Methoden versagt haben. Sie können das Becken entweder verbreitern oder vertiefen oder beides.

Umbau eines vorhandenen Teiches

Kann ich den Teich im Garten mit Folie vergrößern?

Wenn der Teich ursprünglich mit Teichfolie ausgekleidet wurde, können Sie mit dem gleichen Material eine Vergrößerung auslegen. Sie müssen allerdings an den Überlappungen dafür sorgen, dass alles absolut wasserdicht ist. Eine der Schwierigkeiten beim Verkleben großer Folienstücke ist, dass beide Teile absolut sauber sein müssen, sonst hält der Klebstoff nicht. Es könnte schwierig sein, alte Teichfolie, die schon seit längerem im Wasser und mit Schlamm bedeckt war, perfekt zu säubern. Lassen Sie sich im Fachhandel beraten, welchen Klebstoff Sie am besten verwenden sollten.

Mein Teich besteht aus einem vorgeformten Fertigbecken. Er sieht viel zu klein aus im Verhältnis zum Rest des Gartens. Kann ich ihn vergrößern?

Manche vorgeformten Becken kann man aus mehreren Modulen zusammensetzen. Wenn Sie Glück haben, finden Sie ein passendes Modul, mit dem Sie den Teich vergrößern können. Stellen Sie sich aber auf viel Arbeit ein, um dieses Projekt zu verwirklichen. Während des Umbaus müssen Sie sicherstellen, dass der vorhandene Teich so wenig wie möglich gestört wird.

Einen Teich vergrößern

Die einfachste Methode, einen Teich zu vergrößern, besteht darin, einen zweiten Teich unterhalb des vorhandenen Teiches zu bauen. Verbinden Sie die beiden Teiche mit einem Wasserfall, und Sie können sich am Plätschern des Wassers erfreuen. Natürlich brauchen Sie im unteren Becken eine Pumpe, die das Wasser in den oberen Teich pumpt.

Wenn der Teich nicht aus Modulen besteht, sondern aus einem einzigen Becken, wird eine Vergrößerung äußerst schwierig. Theoretisch könnten Sie einen Teil des Randes oder eine ganze Seite abschneiden, das Gleiche mit einem neu gekauften Becken machen und die beiden Becken mit Kunstharz und glasfaserverstärktem Kunststoff zusammenkleben. Doch in der Praxis ist es einfacher, einen neuen größeren Fertigteich zu kaufen. Wenn Sie in erster Linie mehr Wasserfläche möchten, können Sie auch einen oder zwei neue Teiche neben dem alten Teich anlegen und zwischen den Teichen als Verbindung einen Wasserfall kreieren (siehe Foto o.).

Wie kann ich meinen Teich in einen Naturteich verwandeln?

Naturteiche sind im Grunde formfreie Teiche, die in erster Linie als Lebensraum und Brutstätte für Tiere dienen; ihre ästhetische Schönheit steht an zweiter Stelle. Man muss allerdings sagen, dass die meisten Naturteiche aufgrund ihrer Natürlichkeit ohnehin besonders schön sind.

Die erste Veränderung könnte darin bestehen, Pflanzen auszutauschen. Der Naturteich braucht Pflanzen, die etwas für Vögel und andere Tiere bieten. Sie finden Vorschläge dazu auf den Seiten 30–31. Außerdem können Sie sich in der Umgebung Naturteiche ansehen und sich inspirieren lassen, welche Pflanzen dort in welchen Mengen wachsen. Die meisten Pflanzen bekommen Sie im Fachhandel, entweder als Samen oder Pflanzen.

Am besten wählen Sie überwiegend heimische Pflanzen aus, denn diese sind am attraktivsten für heimische Tiere, die sich zu Vertrautem hingezogen fühlen.

- **Ich habe einen formfreien Teich gebaut, möchte aber jetzt den gesamten Stil meines Gartens etwas formaler gestalten. Kann ich meinen Teich entsprechend umgestalten, ohne ihn komplett neu zu bauen?**

Wenn die Form des Teiches regelmäßig ist, beispielsweise ein Oval oder Rechteck oder eine Acht, ist es relativ einfach, den Teich zu verändern. Selbst wenn die Bepflanzung formfrei und naturnah ist, lässt sich der Teich schnell umwandeln, indem man viele oder alle Pflanzen entfernt, damit die äußere Form des Teiches in die neue Gartengestaltung integriert werden kann.

Bei einem unregelmäßig geformten Teich wird es schwieriger. Wenn der Teich relativ groß und mit Teichvlies ausgekleidet ist, können Sie innerhalb des vorhandenen Beckens eine neue Form aus Ziegelsteinen bauen, die formalen Charakter hat. Anschließend können Sie die Lücken zwischen den neuen Mauern und dem alten Teichrand mit Erde zuschütten und dann mit Steinfliesen oder anderen typisch formalen Elementen abdecken.

Sie müssen den neuen Teich nicht wieder mit Folie auskleiden, da die Folie vom alten Teich ja noch vorhanden ist.

Wenn der neue formale Teich allerdings größer sein soll als der vorhandene formfreie Teich, kann man nur empfehlen, den alten Teich zuzuschütten und ganz neu anzufangen.

- **Ist es schwierig, einen künstlichen Wasserlauf zu verlängern?**

Im Grunde ist es relativ einfach, einen Wasserlauf zu vergrößern, weil Wasserläufe linear sind und man im Grunde nur ein weiteres Stück an einem Ende ansetzen muss (siehe Foto unten). Das neue Stück kleidet man am besten mit Folie aus Butyl-Kautschuk aus, der an die vorhandene Folie angeschweißt wird.

Andere Materialien können mit Spezialkleber ebenfalls verbunden werden. Planen Sie reichlich Folie für die Überlappung ein und legen Sie das Ende der Folie für die niedrigere Stelle unter das Ende für die höher gelegene Stelle.

Viele Bachläufe bestehen heute aus vorgefertigten Bachlaufschalen, die man nach Wunsch aneinander setzen kann. Wenn Ihr Wasserlauf aus diesen Schalen besteht, müssen Sie nur eine oder mehrere neue Bachlaufschalen kaufen – am besten vom gleichen Hersteller – und diese nach Anleitung miteinander verbinden.

Unabhängig von der Art des Bachlaufes müssen Sie natürlich in jedem Fall das Steigrohr der Pumpe verlängern, das vom tiefsten Becken bis zum höchsten Teil des Bachlaufes reichen muss.

Kinder und Sicherheit

- **Ich habe kleine Kinder. Welche Wassergärten und Wasserspiele sind kindersicher?**

Kinder – und Erwachsene – können auch in sehr flachem Wasser ertrinken; wenn Sie kleine Kinder haben, steht Sicherheit natürlich an allererster Stelle. Offene Wasserflächen sind immer gefährlich, und möglicherweise möchten Sie mit dem Bau eines Wassergartens warten, bis die Kinder größer sind. Bis es so weit ist, könnten Sie einen Sandkasten an einem sonnigen Ort in der Nähe der Terrasse bauen, auf den Sie von Küche oder Esszimmer einen guten Blick haben: genau der Ort, an dem Sie später einen kleinen Teich haben möchten!

Es gibt aber auch Wasserspiele ohne offene Wasserfläche: Quellsteine bieten das Plätschern, den Anblick und die angenehme Feuchtigkeit von Wasser ohne die geringste Gefahr für Kinder, da das Wasser sich in einem unterirdischen Reservoir befindet, an das kein Kind herankommt. Eine Pumpe im Reservoir pumpt kleine Mengen Wasser nach oben, das über den Quellstein fließt und dann wieder im Reservoir verschwindet, von wo es wieder nach oben gepumpt wird. Bei diesen Wasserspielen gibt es kein offenes Wasser und damit keine Gefahr für Kinder zu ertrinken. Trotzdem Vorsicht, die Quellsteine können rutschig sein.

- **Wir haben kleine Kinder und sind in ein Haus mit einem Gartenteich gezogen. Sollen wir den Teich zuschütten und erst nutzen, wenn die Kinder größer sind?**

Sie können den Teich komplett zuschütten und als Blumenbeet nutzen. Das einzige Problem ist, dass sich an dieser Stelle weiterhin Wasser sammelt und bei Regen die neuen Beete unter Wasser stehen. Daher empfiehlt es sich, die Auskleidung des Teichbeckens mit einer Heugabel zu zerlöchern; natürlich müssen Sie diese dann reparieren, wenn Sie den Teich in Funktion nehmen möchten. Das mag mühsam scheinen, aber es geht einfach und ist auf alle Fälle billiger als ein neu angelegter Teich.

Die andere Möglichkeit ist, das Teichbecken in einen Sandkasten zu verwandeln (siehe Foto unten), in dem die Kinder spielen können. Auch in diesem Fall müssen Sie Löcher in die Teich-

folie machen, damit der Sandkasten bei Regen nicht überflutet wird. Wenn die Kinder größer sind, machen Sie wieder einen Teich daraus.

- **Meine neuen Nachbarn haben kleine Kinder. Ich bin besorgt, dass sie in meinen Garten kommen und in meinen Teich fallen. Was kann ich tun?**

Am besten ist es natürlich, wenn die Kinder gar keinen Zugang zum Teich haben. Das heißt, dass alle möglichen Zugänge zum Teich Tore haben müssen, die geschlossen oder mit Kindersicherungen versehen sind. Sie können das ganze

Gelände um den Teich in eine eigene Einheit verwandeln, indem Sie es einzäunen und mit einem Tor versehen. Wenn das geschickt gemacht ist, kann es durchaus reizvoll aussehen.

Es ist bedauerlich, dass unser Leben von der Angst vor Unfällen bestimmt wird. Aber man kann die Risiken nicht ignorieren, denn die Konsequenzen wären furchtbar.

● Wie kann ich meinen Teich absolut kindersicher machen?

Es gibt im Grunde nur einen Weg, einen Teich 100%ig kindersicher zu machen, und dieser lautet: zuschütten! Kinder sind überaus einfallsreich, wenn es darum geht, von Erwachsenen wohl überlegte Schutzvorrichtungen zu überwinden. Wenn die Kinder noch sehr klein sind, sollte ein Zaun rund um den Teich genügen. Sie können auch den Teil des Gartens, in dem der Teich liegt, vom übrigen Garten komplett abtrennen. Vergessen Sie nicht, alle Tore mit Schlössern zu versehen.

Eine andere Möglichkeit ist, den ganzen Teich mit Maschendrahtgitter, das in einen festen Rahmen gespannt ist, zuzudecken. Das kann durchaus sehr dekorativ sein (siehe Foto oben). Wenn der Teich rundherum Simse hat, kann der Rahmen mit dem Maschendraht auf der Wasseroberfläche liegen. Ansonsten wird er einfach auf die Teichränder gelegt.

Ein leicht erhöhter flacher Aufsitzteich ist auch ein relativ sicheres Wasserspiel, da niemand hineinfallen kann.

Wenn Sie einen Teich im Garten haben, dürfen Sie Kinder niemals unbeaufsichtigt dort spielen lassen. Lassen Sie sie nicht aus den Augen; gehen Sie auch nicht kurz hinein, weil das Telefon läutet: genau in solchen Momenten passieren Unfälle.

Wenn Sie auf Wasser im Garten nicht verzichten wollen, bietet sich auch ein Quellstein an, der vollkommen kindersicher ist.

Register

Kursiv gesetzte Seitenzahlen weisen auf Fotos hin

W

X / Y / Z